AF091830

DISCLAIMER

The author and publisher are providing this book and its contents on an "as is" basis and make no representations or warranties of any kind with respect to this book or its contents. The author and publisher disclaim all such representations and warranties, including but not limited to warranties of merchantability. In addition, the author and publisher do not represent or warrant that the information accessible via this book is accurate, complete, or current.

Except as specifically stated in this book, neither the author nor publisher, nor any authors, contributors, or other representatives will be liable for damages arising out of or in connection with the use of this book. This is a comprehensive limitation of liability that applies to all damages of any kind, including (without limitation) compensatory; direct, indirect, or consequential damages; loss of data, income, or profit; loss of or damage to property; and claims of third parties.

BESTACTIVITYBOOKS.COM

FIRST EDITION - Published 2022

Extra Graphic Material From: www.freepik.com
Thanks to: Alekksall, Starline, Pch.vector, Rawpixel.com, Vectorpocket, Dgim-studio, Upklyak, Macrovector, Stockgiu, Pikisuperstar & Freepik.com Designers

This Book Comes With Free Bonus Puzzles

Available Here:

BestActivityBooks.com/WSBONUS20

5 TIPS TO START!

1) HOW TO SOLVE

The Puzzles are in a Classic Format:

- Words are hidden without breaks (no spaces, dashes, ...)
- Orientation: Forward & Backward, Up & Down or in Diagonal (can be in both directions)
- Words can overlap or cross each other

2) ACTIVE LEARNING

To encourage learning actively, a space is provided next to each word to write down the translation. The **DICTIONARY** allows you to verify and expand your knowledge. You can look up and write down each translation, find the words in the Puzzle then add them to your vocabulary!

3) TAG YOUR WORDS

Have you tried using a tag system? For example, you could mark the words which have been difficult to find with a cross, the ones you loved with a star, new words with a triangle, rare words with a diamond and so on...

4) ORGANIZE YOUR LEARNING

We also offer a convenient **NOTEBOOK** at the end of this edition. Whether on vacation, travelling or at home, you can easily organize your new knowledge without needing a second notebook!

5) FINISHED?

Go to the bonus section: **MONSTER CHALLENGE** to find a free game offered at the end of this edition!

Want more fun and learning activities? It's **Fast and Simple!**
An entire Game Book Collection just **one click away!**

Find your next challenge at:

BestActivityBooks.com/MyNextWordSearch

Ready, Set... Go!

Did you know there are around 7,000 different languages in the world? Words are precious.

We love languages and have been working hard to make the highest quality books for you. Our ingredients?

A selection of indispensable learning themes, three big slices of fun, then we add a spoonful of difficult words and a pinch of rare ones. We serve them up with care and a maximum of delight so you can solve the best word games and have fun learning!

Your feedback is essential. You can be an active participant in the success of this book by leaving us a review. Tell us what you liked most in this edition!

Here is a short link which will take you to your order page.

BestBooksActivity.com/Review50

Thanks for your help and enjoy the Game!

Linguas Classics Team

1 - Antiques

С	К	У	Л	П	Т	У	Р	А	С	Н	Р	И	А
Н	Е	Ч	И	Б	О	Е	Н	Р	Р	Ц	К	М	В
Т	А	Ј	И	Р	Е	Л	А	Г	Н	П	П	Г	Т
Н	Љ	К	А	У	К	Ц	И	Ј	А	Ч	У	В	Е
Ж	П	П	И	И	Н	Е	Ц	Е	Д	Т	Е	Е	Н
Ч	Ц	Р	Ш	Т	С	О	Н	Т	Е	М	У	К	Т
Д	Е	К	О	Р	А	Т	И	В	Н	И	Р	Ц	И
К	В	А	Л	И	Т	Е	Т	Ч	Ј	Н	Ш	В	Ч
Р	Е	С	Т	А	В	Р	А	Ц	И	Ј	А	С	Н
М	С	Г	Д	О	Р	Т	Ѕ	Н	Т	О	О	Т	И
Н	Е	Т	Н	А	Г	Е	Л	Е	Е	И	Е	И	Р
В	Б	Б	Г	Њ	И	Љ	В	Љ	Н	Ц	О	Л	А
Б	В	Ч	Е	Ч	Б	А	Ч	А	О	Р	Ц	С	Т
А	Л	В	П	Л	Б	С	Р	Ж	М	Ф	П	Т	С

УМЕТНОСТ
АУКЦИЈА
АВТЕНТИЧНИ
ВЕК
МОНЕТИ
ДЕЦЕНИИ
ДЕКОРАТИВНИ
ЕЛЕГАНТЕН
МЕБЕЛ
ГАЛЕРИЈА
НАКИТ
СТАРИ
ЦЕНА
КВАЛИТЕТ
РЕСТАВРАЦИЈА
СКУЛПТУРА
СТИЛ
НЕОБИЧЕН

2 - Food #1

Ж	М	А	Ж	Ц	Љ	О	К	Д	К	Ш	Л	Н	Ј
Ч	О	Ц	Ж	У	Л	У	Љ	Р	Р	Е	У	Ј	В
Л	Р	С	Л	П	М	Т	С	В	У	Ќ	К	У	И
Т	К	К	Е	Л	И	С	О	Б	Ш	Е	Л	Х	Б
Ј	О	Р	С	К	К	У	Л	Ш	А	Р	Г	А	А
А	В	О	О	И	А	П	Ф	И	Ц	И	М	Е	Т
Ч	Д	М	Л	К	Ј	А	М	Ц	М	О	Ѕ	Ш	М
М	У	И	Ц	И	С	К	Н	Б	Л	О	М	С	Л
Е	Г	Д	У	Р	И	П	А	У	Ч	И	Н	П	Е
Н	Г	У	Ц	И	Ј	Е	О	Х	Т	Љ	Ж	А	К
С	К	Ш	И	К	А	Р	Г	П	Д	Ѕ	П	Н	О
Љ	Г	И	Х	И	Т	К	Г	С	О	К	Л	А	Ж
С	А	Л	А	Т	А	Ц	Ш	Б	Т	Р	Д	Ќ	Л
И	Е	Т	С	Р	Ч	Ј	А	Г	О	Д	А	Ѕ	Ч

КАЈСИЈА
ЈАЧМЕН
БОСИЛЕК
МОРКОВ
ЦИМЕТ
ЛУК
СОК
ЛИМОН
МЛЕКО
КРОМИД
КИКИРИКИ
КРУША
САЛАТА
СОЛ
СУПА
СПАНАЌ
ЈАГОДА
ШЕЌЕР
ТУНА
РЕПКА

3 - Measurements

М	Е	Т	А	Р	У	М	И	Н	У	Т	А	Ц	Т
Г	Д	Б	М	П	С	Н	Е	М	У	Л	О	В	Ц
А	В	А	Ц	К	А	Т	Ц	С	Ч	А	Л	Е	О
М	Ч	Ј	Л	И	Н	В	Е	А	Н	И	С	И	В
Д	А	Т	Ф	Л	Т	В	И	Ж	И	С	У	Д	Ж
Е	Н	С	Х	О	И	Т	О	Н	И	Љ	Љ	Л	Л
Ц	И	Ш	А	Г	М	Ѕ	В	М	К	Н	Л	А	И
И	Ж	И	Ф	Р	Е	Ј	Ѕ	О	Л	Л	А	Б	Т
М	Л	Р	Р	А	Т	Е	М	О	Л	И	К	О	А
А	О	И	С	М	А	Р	Г	Б	Б	Л	Б	Ч	Р
Л	Д	Н	Ч	Р	Р	С	Т	Е	П	Е	Н	И	Р
Н	Ш	А	Л	Ј	У	О	Њ	Ц	Ч	Н	О	Н	Ш
И	Ш	Ј	У	Њ	Б	Ф	Х	Р	Г	В	Ф	А	Р
Ѕ	И	А	Ж	О	Л	Р	Д	Г	У	У	О	М	В

БАЈТ
САНТИМЕТАР
ДЕЦИМАЛНИ
СТЕПЕН
ДЛАБОЧИНА
ГРАМ
ВИСИНА
ИНЧ
КИЛОГРАМ
КИЛОМЕТАР
ДОЛЖИНА
ЛИТАР
МАСА
МЕТАР
МИНУТА
УНЦА
ТОН
ВОЛУМЕН
ТЕЖИНА
ШИРИНА

4 - Farm #2

Ж	Г	Ж	Л	Г	Б	Е	С	Т	В	Н	О	О	М
В	Д	И	И	Н	О	Ѕ	П	Р	Е	А	В	И	Х
А	Љ	В	В	Р	Љ	П	Ч	А	Т	В	О	Ф	Х
Н	П	О	А	Е	Ј	Л	Е	К	Е	О	Ш	Љ	Њ
Ш	Е	Т	Д	М	Ж	А	Н	Т	Р	Д	Т	Ч	Н
З	А	Н	А	Р	Х	М	И	О	Н	Н	А	Ш	Ѕ
А	Е	И	Д	А	Т	А	Ц	Р	И	У	Р	М	О
С	Ј	Л	Н	Ф	Л	К	А	О	Ц	В	Н	Њ	К
Љ	Ш	Ш	Е	К	Р	Т	О	Л	А	А	И	П	Ш
Ј	О	К	Т	Н	Р	А	Ч	В	О	Њ	К	Б	Е
Ј	В	Љ	Ѕ	А	Ч	П	Д	П	Ц	Е	Ш	М	Н
Х	О	Г	А	Б	Л	У	Ј	Њ	Њ	И	Е	Е	Г
М	Л	Е	К	О	С	А	К	П	Ч	Е	Н	К	А
Ѕ	Њ	Ч	Ш	Г	Ч	Ч	Б	Н	Е	М	Ч	А	Ј

ЖИВОТНИ
ЈАЧМЕН
ШТАЛА
ПЧЕНКА
ПАТКА
ФАРМЕР
ХРАНА
ОВОШЈЕ
НАВОДНУВАЊЕ
ЈАГНЕШКО
ЛАМА
ЛИВАДА
МЛЕКО
ОВОШТАРНИК
ОВЦИ
ОВЧАР
ТРАКТОР
ЗЕЛЕНЧУК
ПЧЕНИЦА
ВЕТЕРНИЦА

5 - Books

С	А	Е	Х	Ц	Т	У	П	И	Н	Њ	Ж	О	Ч
П	Т	В	П	К	П	П	Е	Ш	Ф	Љ	Е	Д	С
О	В	Р	Т	Ѕ	И	К	С	И	Р	О	Т	С	И
Е	П	Н	А	О	Д	Ѕ	Н	А	Ш	П	М	Н	Ш
З	Н	Њ	И	Н	Р	Њ	А	Ј	И	В	Н	Е	Ч
И	Ј	И	Н	Ч	И	Т	С	И	Р	О	М	У	Х
Ј	Ѕ	Ј	Ј	М	Г	Ц	Т	Ц	А	Х	К	М	Ј
А	Р	У	Т	Н	А	В	А	К	Н	Е	А	А	Ц
К	Н	И	Ж	Е	В	Н	А	Е	П	У	Њ	У	Ф
Т	И	Н	Т	Н	А	В	Е	Л	Е	Р	Ш	Ч	Р
Д	В	О	Ј	Н	О	С	Т	О	Р	О	М	А	Н
К	О	Н	Т	Е	К	С	Т	К	Ц	Л	Н	Т	Љ
И	Н	В	Е	Н	Т	И	В	Н	И	Б	Д	И	Ч
Р	А	С	К	А	Ж	У	В	А	Ч	А	Љ	Ч	Е

АВАНТУРА
АВТОР
КОЛЕКЦИЈА
КОНТЕКСТ
ДВОЈНОСТ
ЕП
ИСТОРИСКИ
ХУМОРИСТИЧНИ
ИНВЕНТИВНИ
КНИЖЕВНА
РАСКАЖУВАЧ
РОМАН
СТРАНИЦА
ПЕСНА
ПОЕЗИЈА
ЧИТАЧ
РЕЛЕВАНТНИ

6 - Meditation

Х	Љ	Њ	С	Д	И	Ш	Е	Њ	Е	П	Е	П	Е
В	Е	Ж	Р	И	К	П	А	Ф	Е	Р	М	Е	П
Ј	Њ	Њ	Е	В	Б	Ј	Н	Т	Њ	И	О	Р	Л
С	А	Л	Ќ	У	В	М	И	Д	Е	Р	Ц	С	Г
Д	Ќ	С	А	Е	О	Н	Ш	Т	Ж	О	И	П	К
М	А	В	Н	Н	А	В	И	К	И	Д	И	Е	М
И	Ф	Њ	Е	О	У	Ж	Т	А	В	А	Ш	К	У
С	И	Н	Д	Ч	С	М	Р	С	Д	Т	Т	Т	З
Л	Р	Ц	У	К	И	Т	Њ	В	В	А	П	И	И
И	П	Р	Б	Н	У	Т	В	Б	Ј	У	Љ	В	К
В	Н	И	М	А	Н	И	Е	Е	Д	Ш	Ч	А	А
Б	Л	А	Г	О	Д	А	Р	Н	О	С	Т	О	У
М	Е	Н	Т	А	Л	Е	Н	М	И	Р	Д	Њ	С
В	Р	О	У	И	Ш	Г	Е	Ј	Г	Н	Ј	С	А

ПРИФАЌАЊЕ
ВНИМАНИЕ
БУДЕН
ДИШЕЊЕ
ЈАСНОСТ
СОЧУВСТВО
ЕМОЦИИ
БЛАГОДАРНОСТ
НАВИКИ
СРЕЌА
УВИД
МЕНТАЛЕН
УМ
ДВИЖЕЊЕ
МУЗИКА
ПРИРОДАТА
МИР
ПЕРСПЕКТИВА
ТИШИНА
МИСЛИ

7 - Days and Months

С	Ш	К	Ф	Р	Њ	О	Н	Ј	Р	Ж	Ц	Ц	К
Н	Е	Ш	О	А	Ј	К	А	Л	Е	Н	Д	А	Р
Д	О	П	Ш	А	Б	У	М	П	Ч	Ж	Ѕ	У	О
В	Ф	Е	Т	Г	Г	У	Н	Ч	К	К	Њ	Н	Н
Х	Ф	Е	М	Е	Ч	Љ	Л	И	Р	П	А	О	Е
К	Л	П	Х	В	М	В	Т	О	Р	Н	И	К	Д
В	П	К	О	Т	Р	В	Т	Е	Ч	Г	Р	Ј	Е
А	В	Г	У	С	Т	И	Р	Х	Д	О	В	Ч	Л
Д	Ј	А	Н	У	А	Р	И	И	Б	Д	М	У	А
Е	П	М	Љ	П	Е	Т	О	К	М	И	О	Ц	Т
Р	Ј	У	Л	И	А	А	К	Љ	А	Н	Т	Х	О
С	Ф	Е	В	Р	У	А	Р	И	Р	А	К	О	Б
И	М	Е	С	Е	Ц	Ј	А	Д	Т	Ј	О	Ј	А
П	О	Н	Е	Д	Е	Л	Н	И	К	Ј	Ж	Ц	С

АПРИЛ
АВГУСТ
КАЛЕНДАР
ФЕВРУАРИ
ПЕТОК
ЈАНУАРИ
ЈУЛИ
ЈУНИ
МАРТ
ПОНЕДЕЛНИК
МЕСЕЦ
НОЕМВРИ
ОКТОМВРИ
САБОТА
СЕПТЕМВРИ
НЕДЕЛА
ЧЕТВРТОК
ВТОРНИК
СРЕДА
ГОДИНА

8 - Energy

Ч	Ц	А	Ј	И	Р	Т	С	У	Д	Н	И	Е	Ф
Г	О	О	А	Н	Е	Н	Т	Р	О	П	И	Ј	А
Ѕ	К	Ч	К	Ч	О	Б	Н	О	В	Л	И	В	Ж
Т	О	П	Л	И	Н	А	Ј	И	Р	Е	Т	А	Б
З	Љ	Ф	Ц	Р	М	Ф	П	Н	Љ	Ж	Б	Т	В
А	Ж	Г	Љ	Т	П	Ш	О	П	Ш	П	Е	У	О
Г	Љ	Ј	Ј	К	Б	И	Ф	Т	Л	П	Н	Р	Д
А	Н	Р	А	Е	Л	К	У	Н	О	Љ	З	Б	О
Д	Г	О	Г	Л	Е	З	И	Д	П	Н	И	И	Р
У	О	Т	Л	Е	С	У	Ш	Ф	А	Н	Н	Н	О
В	Р	О	Е	Т	А	О	А	Љ	Р	Т	О	А	Д
А	И	М	Р	И	Ш	Х	Н	Р	Е	Т	Е	В	Ј
Њ	В	В	О	М	В	Ј	Х	Ц	А	Х	Р	Р	Ж
Е	О	Х	Д	Н	О	Р	Т	К	Е	Л	Е	Ц	Г

БАТЕРИЈА
ЈАГЛЕРОД
ДИЗЕЛ
ЕЛЕКТРИЧНИ
ЕЛЕКТРОН
ЕНТРОПИЈА
ГОРИВО
БЕНЗИН
ТОПЛИНА
ВОДОРОД
ИНДУСТРИЈА
МОТОР
НУКЛЕАРНА
ФОТОН
ЗАГАДУВАЊЕ
ОБНОВЛИВ
ПАРЕА
СОНЦЕ
ТУРБИНА
ВЕТЕР

9 - Archeology

О	А	Н	Ф	К	S	О	И	И	Б	В	О	К	А
П	С	Н	Ф	О	У	Р	Б	Х	Ч	Г	Ф	S	Н
Ч	Р	Т	Т	Б	Е	Ц	П	Ј	В	Ж	Р	Ж	А
Љ	К	О	А	И	Г	М	В	А	Е	И	Р	Р	Л
S	Е	Б	А	Т	К	Б	Њ	Ј	И	К	Л	Л	И
Н	А	О	Д	И	О	А	С	И	С	С	Т	Л	З
Е	П	Р	Њ	К	Е	К	Т	Ц	Т	О	Р	И	А
Ш	О	Г	С	Ч	Р	Г	О	А	Р	К	Е	С	Л
О	Т	Ј	Г	И	А	С	М	У	А	Д	П	О	О
Б	О	Њ	Ч	Т	Љ	Г	А	Л	Ж	Д	С	Ф	М
Т	М	С	В	Н	Ж	О	Р	А	У	А	К	У	Ј
Н	О	Ф	Њ	А	П	Ж	Х	В	В	Љ	Е	Н	Т
Љ	К	Е	Л	Х	Т	И	М	Е	А	М	Ш	С	А
М	И	С	Т	Е	Р	И	Ј	А	Ч	К	Е	О	Ж

АНАЛИЗА
АНТИЧКИ
АНТИКАТА
КОСКИ
ПОТОМОК
ЕРА
ЕВАЛУАЦИЈА
ЕКСПЕРТ
НАОДИ
ФОСИЛ
МИСТЕРИЈА
ОБЈЕКТИ
ОСТАТОК
ИСТРАЖУВАЧ
ТИМ
ХРАМОТ
ГРОБОТ

10 - Food #2

Ц	Р	Е	Ш	А	Е	И	А	Т	Ш	Н	Ј	Б	Њ
Б	А	Н	А	Н	А	В	Р	С	Д	Ф	С	Р	М
Ц	Ц	А	В	Г	Х	Ч	Т	Ѕ	Х	Л	К	О	Ј
Т	Е	Џ	У	Ж	А	Ц	И	Н	Е	Ч	П	К	О
П	Л	И	Г	Л	Њ	Ч	Ш	В	Љ	С	Д	У	Г
Е	Е	Л	З	И	Р	О	О	К	И	А	О	Л	У
Ч	Р	Т	Ж	А	Ч	К	К	Ф	Р	К	М	А	Р
У	Г	А	К	Ј	Ч	О	К	Л	О	Б	А	Ј	Т
Р	Е	П	Г	Е	М	Л	Х	Л	Ѕ	Ш	Т	Г	Њ
К	Ш	П	Р	Ј	В	А	П	И	Л	Е	Ш	К	О
И	У	М	О	У	Њ	Д	К	Д	Р	Ф	Б	В	Ѕ
О	Н	Ѕ	З	Л	Ф	О	У	С	Ч	И	М	В	Н
Д	К	В	Ј	Ј	А	Ј	Ц	Е	И	И	Б	Б	Ч
Ц	А	С	Е	Њ	Е	Р	И	С	Г	Ж	Ч	А	Р

ЈАБОЛКО
АРТИШОК
БАНАНА
БРОКУЛА
ЦЕЛЕР
СИРЕЊЕ
ЦРЕША
ПИЛЕШКО
ЧОКОЛАДО
ЈАЈЦЕ
ПАТЛИЏАН
РИБА
ГРОЗЈЕ
ШУНКА
КИВИ
ПЕЧУРКИ
ОРИЗ
ДОМАТ
ПЧЕНИЦА
ЈОГУРТ

11 - Chemistry

К	К	Ј	А	В	Д	Ц	Т	О	П	Л	И	Н	А
И	А	А	Д	Т	О	Н	Ј	В	Х	Г	К	О	Н
С	Т	Г	Ц	Ѕ	О	Д	С	О	Ш	В	С	Р	Р
Е	А	Л	Г	Л	М	М	О	Х	Ч	Р	Н	Т	А
Л	Л	Е	Г	М	Е	Т	С	Р	Р	С	А	К	Е
И	И	Р	Р	О	Л	Х	Д	К	О	О	Г	Е	Л
Н	З	О	Ј	Л	И	Р	Ф	Ш	И	Д	Р	Л	К
А	А	Д	Ф	Е	Т	Е	Ж	И	Н	А	О	Е	У
Ј	Т	Т	И	К	С	О	Л	Е	Н	З	И	М	Н
О	О	А	Р	У	Т	А	Р	Е	П	М	Е	Т	Т
Н	Р	Ѕ	Љ	Л	Б	С	Г	Е	Љ	И	Г	Б	Ш
Ф	Е	Л	В	А	Н	Л	А	К	Л	А	О	Т	В
Ш	Ф	О	Е	Т	Е	Ч	Н	О	С	Т	В	Љ	Т
К	И	С	Л	О	Р	О	Д	Љ	К	Р	А	В	Ц

КИСЕЛИНА
АЛКАЛНА
АТОМСКИ
ЈАГЛЕРОД
КАТАЛИЗАТОР
ХЛОР
ЕЛЕКТРОН
ЕНЗИМ
ГАС
ТОПЛИНА
ВОДОРОД
ЈОН
ТЕЧНОСТ
МОЛЕКУЛА
НУКЛЕАРНА
ОРГАНСКИ
КИСЛОРОД
СОЛ
ТЕМПЕРАТУРА
ТЕЖИНА

12 - Music

И	Р	А	Ч	И	З	У	М	Њ	Е	S	Њ	Т	П
В	П	Ш	Н	Ч	А	Ј	Е	П	К	Х	Г	К	Д
Њ	В	О	К	А	Л	Ј	Л	М	Л	А	К	П	Е
П	Л	М	П	Њ	О	S	О	П	Е	Р	Е	Л	К
И	К	С	Р	И	Л	Р	Д	Б	К	М	Љ	В	Л
Н	Б	Т	О	Е	Е	И	И	Е	Т	О	О	В	А
С	О	Б	Х	С	Ј	Т	Ј	Њ	И	Н	А	К	С
Т	К	Ф	Б	Л	Н	А	А	У	Ч	И	Ц	Б	И
Р	Г	С	О	Ф	Ј	М	К	Ц	Е	Ј	Н	Т	Ч
У	А	Д	А	Р	Е	П	О	Ш	Н	А	В	С	Н
М	У	Б	Л	А	К	М	У	З	И	Ч	К	И	О
Е	Е	П	Р	Р	Л	И	К	Ч	И	М	Т	И	Р
Н	Љ	П	Х	Е	Њ	А	М	И	Н	С	Ј	Н	Ж
Т	Б	А	Л	А	Д	А	П	О	Е	Т	С	К	И

АЛБУМ
БАЛАДА
ХОР
КЛАСИЧНО
ЕКЛЕКТИЧЕН
ХАРМОНИЈА
ИНСТРУМЕНТ
ЛИРСКИ
МЕЛОДИЈА
МИКРОФОН
МУЗИЧКИ
МУЗИЧАР
ОПЕРА
ПОЕТСКИ
СНИМАЊЕ
РИТАМ
РИТМИЧКИ
ПЕЕ
ПЕЈАЧ
ВОКАЛ

13 - Family

Ц	Њ	М	Х	Ј	О	О	Н	Н	Б	Ф	Д	В	Ќ
Т	Р	Ч	А	К	Т	Е	Т	Л	Ш	Р	Е	Н	Е
Б	Б	О	Р	Ј	В	Ф	Р	Ј	П	Х	Т	У	Р
Р	Љ	И	Т	Д	К	О	Д	Е	Р	П	Е	К	К
А	А	К	С	Ф	Е	А	Б	А	Б	А	Ф	А	А
Т	О	Д	Е	Д	Д	Т	П	О	Б	Ж	С	Ѕ	Њ
У	Б	Њ	С	Љ	Њ	К	С	Р	О	Е	О	А	Д
Ч	У	А	Е	Л	О	Ц	Е	Т	Ц	Н	П	Е	Д
Е	Ш	Т	Ѕ	В	У	Ј	К	О	В	А	Р	Ф	Т
Д	Н	И	У	Ч	В	Ч	О	В	Г	О	У	С	Ж
Д	Т	А	Т	К	О	В	С	К	И	Б	Г	В	С
Е	Ш	Ј	Ѕ	У	Т	А	Т	К	О	Б	Р	М	Н
Ц	И	Ц	А	Н	З	И	Л	Б	Б	Т	Б	А	Њ
А	Б	С	Н	В	Ј	Ј	Ж	О	М	Б	Б	Ф	Т

ПРЕДОК
ТЕТКА
БРАТ
ДЕТЕ
ДЕТСТВО
ДЕЦА
БРАТУЧЕД
ЌЕРКА
ТАТКО
ДЕДО
БАБА
СОПРУГ
МАЈКА
ВНУК
ВНУКА
ТАТКОВСКИ
СЕСТРА
БЛИЗНАЦИ
ВУЈКО
ЖЕНА

14 - Farm #1

Е	Ш	К	В	Х	А	Х	Б	Г	И	О	Ф	Љ	З
Ѕ	К	Г	Д	И	Ц	С	М	Е	Д	К	Г	Ж	Е
Д	Њ	Е	Ф	Ф	Ш	Д	У	Л	Е	О	К	Х	М
М	А	Г	А	Р	Е	Ѕ	М	О	Л	З	Ж	С	Ј
Њ	Ц	Ж	В	Р	А	Н	А	П	Х	А	К	Г	О
Б	И	З	О	Н	Ж	К	Д	К	В	Ц	Т	Л	Д
Х	Ш	А	К	Л	К	Ц	О	А	Р	Л	Д	К	Е
П	З	В	И	Х	С	У	В	Г	В	А	О	Ѕ	Л
Љ	И	М	А	Ч	К	А	Ч	Д	Е	Ч	В	У	С
К	Р	Л	Л	Ш	Ѕ	У	Ч	Е	Х	К	И	А	Т
О	О	Ц	Е	О	Г	Р	А	Д	А	Њ	Р	Д	В
Њ	М	Л	Ч	Ш	Т	Ц	Ч	А	Ј	П	Б	Ч	О
Б	С	Л	П	У	К	П	Т	Е	Л	Е	У	Ч	Ѕ
С	Е	М	И	Њ	А	О	Н	Е	С	Ч	Ѓ	Ѕ	Ш

ЗЕМЈОДЕЛСТВО
ПЧЕЛА
БИЗОН
ТЕЛЕ
МАЧКА
ПИЛЕШКО
КРАВА
ВРАНА
КУЧЕ
МАГАРЕ
ОГРАДА
ЃУБРИВО
ПОЛЕ
КОЗА
СЕНО
МЕД
КОЊ
ОРИЗ
СЕМИЊА
ВОДА

15 - Camping

П	Р	И	Р	О	Д	А	Т	А	Ш	А	Т	О	Р
Ј	А	О	С	Р	С	В	К	В	В	Т	Б	Р	Р
Ф	А	Т	А	Н	И	Ч	Е	С	Е	М	Ф	Ј	Н
Т	Ј	Ж	Л	В	К	Ш	С	Ц	А	К	Х	Г	Б
А	В	Љ	Е	Х	А	В	Н	Ц	М	П	И	У	М
Ц	Р	У	И	П	В	Ж	И	А	У	И	М	В	Њ
Њ	Д	У	Н	Л	М	Ѕ	С	В	Ш	В	В	О	Л
Ф	Њ	К	Т	А	А	К	П	А	Ш	Х	Н	Ш	К
Л	О	Л	О	Н	П	К	А	Б	И	Н	А	И	Е
О	Н	Њ	В	И	А	Ф	Ш	А	О	С	Г	И	Љ
В	А	У	И	Н	И	В	Е	З	Е	Р	О	Ц	М
Њ	А	Н	Ж	А	Е	Ѕ	А	К	А	Н	У	Л	С
О	П	Р	Е	М	А	Б	Ј	Ш	Е	Љ	И	Е	Ѕ
М	Ф	Х	Ч	В	К	Н	Ч	К	Њ	Љ	И	С	К

АВАНТУРА
ЖИВОТНИ
КАБИНА
КАНУ
КОМПАС
ОПРЕМА
ОГАН
ШУМА
ЗАБАВА
ШАПКА

ЛОВ
ИНСЕКТ
ЕЗЕРО
МАПА
МЕСЕЧИНАТА
ПЛАНИНА
ПРИРОДАТА
ЈАЖЕ
ШАТОР
ДРВЈА

16 - Algebra

З	А	Г	Р	А	Д	А	М	Л	А	Ж	Н	И	Ф
Ф	Р	А	К	Ц	И	Ј	А	А	Е	Ј	Ф	И	А
К	А	Л	У	М	Р	О	Ф	Т	Т	Р	В	Л	К
П	О	У	Е	Ч	М	Е	Л	Б	О	Р	П	Љ	Т
О	Р	Ј	Ч	Ѕ	С	И	Ш	С	Ч	Ф	И	С	О
Д	Д	О	Р	О	Н	Р	А	Е	Н	И	Л	Ц	Р
З	Г	Р	М	А	Ц	Д	Г	Р	Н	М	Е	К	А
Е	А	Б	Л	Е	Д	О	П	К	Х	И	П	С	У
М	О	Н	Ч	Е	Н	О	К	С	Е	Б	Е	Ч	Њ
А	Л	Б	С	Л	А	Л	Р	А	В	Е	Н	К	А
Њ	Љ	М	П	Н	О	К	И	Ф	А	Р	Г	Н	Т
Е	Х	М	Ч	Њ	Ж	Ж	В	В	И	М	Е	У	А
Е	К	С	П	О	Н	Е	Н	Т	А	Б	Ф	Л	Р
П	О	Е	Д	Н	О	С	Т	А	В	И	Т	А	Љ

ПОДЕЛБА
РАВЕНКА
ЕКСПОНЕНТ
ФАКТОР
ЛАЖНИ
ФОРМУЛА
ФРАКЦИЈА
ГРАФИКОН
БЕСКОНЕЧНО
ЛИНЕАРНО
МАТРИЦА
БРОЈ
ЗАГРАДА
ПРОБЛЕМ
ПОЕДНОСТАВИ
РЕШЕНИЕ
ОДЗЕМАЊЕ
ПРОМЕНЛИВА
НУЛА

17 - Numbers

Е	Д	И	И	Б	Б	Х	И	Ц	С	Д	Д	Т	Ш
Д	Д	Е	Л	К	И	Е	С	П	В	В	Е	Р	Е
Е	Е	Ч	Ц	Ј	Ј	Л	К	Ј	Ш	А	В	И	С
Н	В	Т	Е	И	Р	Т	А	В	О	Е	Е	Н	Н
К	Е	Е	И	Т	М	У	Д	Е	С	С	Т	А	А
П	Т	С	Б	С	И	А	Ш	П	Њ	Е	Н	Е	Е
Е	Х	Е	С	Е	Р	Р	Л	А	И	Т	А	С	С
Т	Ф	А	Д	Ш	И	Л	И	Н	Р	Ш	Е	Е	Е
Н	Њ	Н	Љ	Д	Т	Б	Ј	Н	И	В	С	Т	Т
А	Ш	М	Ж	Ц	Е	Д	В	Е	А	С	Е	Г	О
Е	Н	У	Л	Ј	Ч	Ж	Д	И	Љ	Е	Т	М	С
С	П	Д	В	А	Н	А	Е	С	Е	Т	С	Ц	У
Е	Т	Е	С	Е	А	Н	М	У	С	О	Ч	Е	М
Т	Ц	С	Т	Е	С	Е	Д	Ј	Љ	Н	В	Х	Т

ДЕЦИМАЛНИ
ОСУМ
ОСУМНАЕСЕТ
ПЕТНАЕСЕТ
ПЕТ
ЧЕТИРИ
ЧЕТИРИНАЕСЕТ
ДЕВЕТ
ДЕВЕТНАЕСЕТ
ЕДЕН
СЕДУМ
СЕДУМНАЕСЕТ
ШЕСТ
ШЕСНАЕСЕТ
ДЕСЕТ
ТРИНАЕСЕТ
ТРИ
ДВАНАЕСЕТ
ДВАЕСЕТ
ДВЕ

18 - Spices

К	Г	Б	Ш	А	Ф	Р	А	Н	Њ	Х	С	П	О
Р	Ѓ	О	П	Г	Ф	Т	В	К	У	С	Л	И	М
О	У	М	Р	К	Г	Љ	П	В	И	М	А	П	И
М	М	О	П	Ч	К	Д	Њ	А	Л	Ш	Т	Е	К
И	Б	М	Р	Х	Л	Ѕ	Р	Н	Р	Ѕ	К	Р	И
Д	И	А	Б	Е	М	И	П	И	О	А	О	К	С
А	Р	Д	Н	П	В	Д	В	Л	Ф	Ј	П	А	Е
Ж	Н	Р	Љ	Х	Ч	Ч	К	А	Т	Ш	П	М	Л
А	Љ	А	А	Р	И	У	Е	С	К	С	Б	Љ	О
К	Н	К	А	Р	А	Н	Ф	И	Л	Ч	Е	У	С
А	Ј	А	М	У	К	Р	У	К	П	С	О	Л	Р
Р	Ф	А	С	К	О	Р	И	А	Н	Д	А	Р	Л
И	Ш	Ѕ	Њ	О	Е	Б	Д	Ј	Ц	И	М	Е	Т
О	Г	Х	Т	Љ	Н	Л	У	К	У	Ч	Л	С	П

ГОРЧЛИВ
КАРДАМОМ
ЦИМЕТ
КАРАНФИЛЧЕ
КОРИАНДАР
КИМ
КАРИ
АНАСОН
ВКУС
ЛУК
ЃУМБИР
ОРЕВЧЕ
КРОМИД
ПИПЕРКА
ШАФРАН
СОЛ
КИСЕЛО
СЛАТКО
КУРКУМА
ВАНИЛА

19 - Universe

Н	Ж	И	И	Т	Е	В	Е	Ц	Ч	Ж	П	М	Ц
Б	Б	К	О	Ж	Е	К	И	Ф	Т	Р	Ц	Е	Л
Л	Љ	С	Њ	Ч	У	Л	В	Д	У	Т	В	С	Н
Т	Е	М	Н	И	Н	А	Е	А	Л	Г	Х	Е	Е
Њ	Ж	Љ	Ш	Л	Л	Р	У	С	Т	И	С	Ч	Б
А	Т	М	О	С	Ф	Е	Р	А	К	О	В	И	Е
Ј	Н	С	О	И	И	Ф	И	Ф	Ц	О	Р	Н	С
И	О	О	Р	К	О	С	А	У	Е	Т	П	А	К
С	З	Л	Б	Ч	Ѕ	И	Р	И	И	О	Г	Т	И
К	И	С	И	И	Е	М	Е	Р	Р	Б	С	А	Г
А	Р	Т	Т	М	Д	Е	О	П	Т	Е	В	Д	Ч
Л	О	И	А	С	Ш	Х	Н	Д	И	Н	Д	Т	Р
А	Х	Ц	С	О	Н	Ч	Е	В	И	С	О	Д	Н
Г	Њ	А	Е	К	А	С	Т	Е	Р	О	И	Д	Ч

АСТЕРОИД
АТМОСФЕРА
НЕБЕСКИ
КОСМИЧКИ
ТЕМНИНА
ЕОН
ЕКВАТОР
ГАЛАКСИЈА
ХЕМИСФЕРА
ХОРИЗОНТ
МЕСЕЧИНАТА
ОРБИТА
НЕБОТО
СОНЧЕВИ
СОЛСТИЦА
ТЕЛЕСКОП
ВИДЛИВ

20 - Mammals

Т	Д	Л	К	Л	О	В	М	Р	Ф	М	К	К	К
О	Т	И	А	О	Ж	Р	Д	Е	Д	А	У	В	О
К	У	Ч	Е	В	Њ	П	Ч	Ж	Љ	Ч	П	П	Ј
А	И	Д	О	З	Е	Б	Р	А	Ч	К	Е	Ј	О
Ј	Ц	Б	Ш	Ш	А	К	Н	С	Ц	А	В	Т	Т
А	Х	Њ	Ф	Б	Д	Ј	Ч	Р	Ѕ	В	Љ	О	Ч
З	Б	С	Ш	М	Е	Д	Д	П	Х	Ѕ	Ѕ	Т	Ч
П	С	Р	У	А	Л	А	Ф	А	Р	И	Ж	Њ	Ж
Е	Р	Н	В	Ј	Ф	Б	Ф	О	К	С	Н	К	Т
О	В	Ц	И	М	И	А	Л	И	Р	О	Г	И	М
Р	П	Т	У	У	Н	Р	У	Г	Н	Е	К	Т	Е
Ц	Л	Н	О	Н	О	Б	Р	Ц	Ј	В	Е	С	Ч
П	Х	У	Ц	Н	Л	А	И	К	Ц	К	Њ	М	К
Б	Ц	Д	Ш	Т	С	Ц	Е	Ч	У	Л	Љ	М	А

МЕЧКА
ДАБАР
БИК
МАЧКА
КОЈОТ
КУЧЕ
ДЕЛФИН
СЛОН
ФОКС
ЖИРАФА
ГОРИЛА
КОЊ
КЕНГУР
ЛАВ
МАЈМУН
ЗАЈАКОТ
ОВЦИ
КИТ
ВОЛК
ЗЕБРА

21 - Restaurant #1

Т	С	О	О	Л	К	К	Е	Л	Н	Е	Р	К	А
Ч	П	О	П	С	О	У	И	Њ	Л	С	У	Р	Н
Ѕ	М	Б	С	О	О	Р	Ј	Т	Н	С	Б	Е	Л
В	П	Ј	О	С	П	С	Ц	Н	О	Љ	Л	З	И
И	Ф	Ш	Ж	А	Ж	Д	Т	Д	А	А	Љ	Е	Б
Е	Л	Х	М	Н	К	В	Н	О	С	В	Х	Р	М
С	Ѕ	А	Т	А	Љ	Т	К	О	Ј	Ѕ	И	В	Е
Ж	Ф	А	Н	Р	Ф	М	Е	Н	И	К	Р	А	С
В	Б	Р	К	Х	Њ	Х	Ф	Ф	Б	Р	И	Ц	О
З	А	Ч	И	Н	Е	Т	А	В	Л	Л	Ф	И	Ц
Д	Е	С	Е	Р	Т	Н	К	Е	Е	А	Т	Ј	В
А	Ч	О	Л	П	С	О	Т	Р	Е	И	С	А	К
С	Т	М	И	Т	Ч	Ж	П	И	Л	Е	Ш	К	О
А	Л	Е	Р	Г	И	Ј	А	Ч	Х	Г	Ш	Б	И

АЛЕРГИЈА
САД
ЛЕБ
КАСИЕР
ПИЛЕШКО
КАФЕ
ДЕСЕРТ
ХРАНА
СОСТОЈКИ
КУЈНА
НОЖ
МЕСО
МЕНИ
САЛФЕТКА
ПЛОЧА
РЕЗЕРВАЦИЈА
СОС
ЗАЧИНЕТА
КЕЛНЕРКА

22 - Bees

Е	П	Ѕ	Ф	Е	О	В	О	Ш	Ј	Е	Љ	М	Р
Ц	В	Е	Т	Н	К	Ш	Ж	Ѕ	Х	О	Х	Љ	А
В	О	С	О	К	Х	О	Е	У	Ч	Д	Р	Ц	З
С	О	Н	Ц	Е	Г	У	С	Н	Ж	Ж	У	Т	Н
Ц	В	Е	Ќ	Е	Ф	А	Ц	И	Н	Ш	О	К	О
М	Е	Д	А	Ч	Ж	М	Т	Ф	С	Ц	Ш	Ж	В
Ж	И	В	Е	А	Л	И	Ш	Т	Е	Т	Х	С	И
К	О	Р	И	С	Н	И	Ч	Ч	К	Ж	Е	В	Д
Њ	Р	Ц	П	О	Л	Е	Н	О	Р	Д	Ј	М	Н
Х	У	Х	Б	Љ	А	Н	И	Д	А	Р	Г	Е	О
Х	И	Е	О	Е	К	Е	Ф	Р	Л	Н	С	У	С
О	П	Р	А	Ш	У	В	А	Ч	И	Ф	А	В	Т
И	Н	С	Е	К	Т	П	В	К	Ц	А	В	Р	Г
Ѕ	Ч	А	Ј	И	Н	Е	Т	С	А	Р	У	О	Х

КОРИСНИ
ЦВЕТ
РАЗНОВИДНОСТ
ЕКОСИСТЕМ
ЦВЕЌЕ
ХРАНА
ОВОШЈЕ
ГРАДИНА
ЖИВЕАЛИШТЕ
КОШНИЦА
МЕД
ИНСЕКТ
РАСТЕНИЈА
ПОЛЕН
ОПРАШУВАЧ
КРАЛИЦА
ЧАД
СОНЦЕ
РОЈ
ВОСОК

23 - Photography

Т	С	К	Г	Т	П	Њ	Ч	Х	А	Н	С	Ѕ	Т
Д	Е	Л	Г	О	П	Р	Ж	Д	Н	Х	Е	Ф	И
Д	Њ	К	П	П	Ж	О	Е	Ј	И	А	Н	О	П
Е	А	Ц	С	Ј	П	Е	В	Д	Н	Љ	К	Р	О
Ф	В	Х	Г	Т	Б	О	Ј	А	М	Л	И	М	Р
И	У	Г	Б	Ч	У	Ц	Р	Ј	Е	Е	М	А	Т
Н	Л	Ч	Б	Ч	Ѕ	Р	А	У	Т	Р	Т	Т	Р
И	Т	Р	А	М	К	А	А	Њ	Л	П	Е	Њ	Е
Ц	Е	П	Е	Р	С	П	Е	К	Т	И	В	А	Т
И	В	Р	Н	М	Т	К	О	Н	Т	Р	А	С	Т
Ј	С	Е	Ш	Т	Е	Ш	В	Н	Љ	Е	Т	Х	О
А	О	К	А	М	Е	Р	А	Б	Р	М	С	Ц	И
И	З	Л	О	Ж	Б	А	В	П	П	Ц	О	К	Л
О	Б	Ј	Е	К	Т	М	Е	Ј	А	И	С	М	Љ

ЦРНО
КАМЕРА
БОЈА
СОСТАВ
КОНТРАСТ
ТЕМНИНА
ДЕФИНИЦИЈА
ИЗЛОЖБА
ФОРМАТ
РАМКА
ОСВЕТЛУВАЊЕ
ОБЈЕКТ
ПЕРСПЕКТИВА
ПОРТРЕТ
СЕНКИ
ПРЕДМЕТ
ТЕКСТУРА
ПОГЛЕД

24 - Weather

С	В	В	Г	Г	Ж	Л	У	О	И	Б	Б	Ф	Њ
О	И	Ѕ	И	А	Р	Ц	Ѕ	Б	Ш	Ч	Љ	М	Ж
А	О	Д	А	Н	Р	О	Т	Л	Д	Ѕ	У	А	Д
Њ	А	В	У	С	О	К	М	А	Ш	У	С	Ш	Г
У	Њ	Љ	А	Х	И	Ж	Ф	К	Р	Г	Г	Е	Љ
Р	Л	Н	Ј	Њ	Љ	Љ	И	К	С	П	О	Р	Т
А	О	М	Б	И	Њ	Ф	Ј	Т	Г	С	Х	Т	Љ
Г	М	Н	Р	П	И	Ѕ	Љ	О	О	У	Е	Е	В
А	О	Е	Е	А	Р	У	Б	Р	И	Ј	М	В	Т
Н	Н	Б	Т	М	З	И	Ж	Д	М	А	Г	Л	А
О	С	О	Е	И	А	Т	М	О	С	Ф	Е	Р	А
Т	У	Т	В	Л	П	О	Л	А	Р	Н	И	Т	Е
Р	Н	О	Т	К	И	А	И	Т	Б	Ш	А	Ј	Х
Т	Е	М	П	Е	Р	А	Т	У	Р	А	О	Б	С

АТМОСФЕРА
ВЕТРЕ
КЛИМА
ОБЛАК
СУША
СУВА
МАГЛА
УРАГАНОТ
МРАЗ
МОЛЊА
МОНСУН
ПОЛАРНИТЕ
ВИНОЖИТО
НЕБОТО
БУРА
ТЕМПЕРАТУРА
ГРОМ
ТОРНАДО
ТРОПСКИ
ВЕТЕР

25 - Adventure

Р	А	Д	О	С	Т	Ј	Л	Њ	Ш	Ж	У	У	Л
Љ	Н	Е	Н	П	Р	О	Д	С	Х	Ш	Т	М	Ѕ
Ц	А	Н	С	Р	Љ	Љ	М	Ч	Љ	Т	С	В	Т
Е	В	Т	А	Е	П	Х	Р	А	Б	Р	О	С	Т
С	И	У	П	Д	П	Р	Њ	П	Т	П	Н	Ш	М
У	Г	З	О	И	А	Љ	И	Ѕ	Д	Љ	Д	А	О
Б	А	И	В	З	Н	К	Ц	Ј	Г	О	Е	Н	Ж
А	Ц	Ј	О	В	Д	Е	Т	П	А	Г	Б	С	Н
В	И	А	Н	И	Ч	Љ	О	И	Д	Т	З	А	О
И	Ј	З	Е	Ц	В	Ж	К	Б	В	С	Е	А	С
Н	А	А	Ј	И	С	А	К	Д	И	Н	Б	Л	Т
А	М	М	Т	Е	Ж	И	Н	А	Ц	Ч	О	Ј	И
П	Р	И	Р	О	Д	А	Т	А	Ж	Т	Е	С	О
Е	К	С	К	У	Р	З	И	Ј	А	Ц	В	Н	Т

АКТИВНОСТ
УБАВИНА
ХРАБРОСТ
ПРЕДИЗВИЦИ
ШАНСА
ОПАСНО
ТЕЖИНА
ЕНТУЗИЈАЗАМ
ЕКСКУРЗИЈА
ПРИЈАТЕЛИ
РАДОСТ
ПРИРОДАТА
НАВИГАЦИЈА
НОВО
МОЖНОСТ
БЕЗБЕДНОСТ
НЕОБИЧЕН

26 - Sport

С	Ѕ	У	И	М	Е	Л	О	Г	З	Љ	М	И	С
В	П	Б	Ч	З	Т	В	Р	Н	Н	Т	У	Т	И
Е	Љ	О	Г	Л	Д	Г	Б	Д	Ф	Р	С	И	Л
Л	И	К	С	О	К	Р	К	Т	И	Е	К	Ј	А
О	Ц	Т	Р	О	П	С	Ж	Ѕ	Ж	Н	У	С	Т
С	Ш	А	Ј	Н	Б	М	Ц	Л	Г	Е	Л	В	Е
И	У	О	Т	Ц	Г	Н	Е	Ш	И	Р	И	Л	Л
П	Е	Њ	А	Р	И	Г	О	Џ	Ј	В	Н	У	О
Е	Т	С	И	Т	Р	О	П	С	М	Њ	О	Ш	Р
Д	И	К	Ч	И	Л	О	Б	А	Т	Е	М	С	К
И	В	Л	З	Д	Р	А	В	Ј	Е	Е	Т	Ж	Т
З	Д	И	Е	Т	А	П	Р	О	Г	Р	А	М	А
А	О	И	Л	Ц	Т	А	Н	Ц	У	В	А	Њ	Е
М	Б	Ф	Ф	Њ	И	С	Х	Р	А	Н	А	Е	У

СПОСОБНОСТ
СПОРТИСТ
ТЕЛО
КОСКИ
ТРЕНЕР
ВЕЛОСИПЕДИЗАМ
ТАНЦУВАЊЕ
ДИЕТА
ИЗДРЖЛИВОСТ
ЦЕЛ
ЗДРАВЈЕ
ЏОГИРАЊЕ
ЗГОЛЕМИ
МЕТАБОЛИЧКИ
МУСКУЛИ
ИСХРАНА
ПРОГРАМА
СПОРТ
СИЛА

27 - Circus

Ж	О	Н	Г	Л	Е	Р	Ж	Т	Р	И	К	А	С
С	Њ	Л	Г	Т	Ж	И	М	И	Т	С	О	К	Л
Л	Ш	S	Љ	О	Њ	Ш	В	С	В	Г	К	Ш	О
П	П	Ш	А	Р	Н	Л	Л	Р	Т	О	Ш	В	Н
Љ	П	И	В	Ж	Ч	А	Д	Е	Л	Г	Т	У	К
П	А	Р	А	Д	А	В	Б	М	А	Л	В	Н	М
Т	Ј	Г	Д	Р	Ч	Х	К	А	К	Н	О	Б	И
И	И	Ф	П	О	К	А	Ж	И	Р	Е	Л	И	Ц
Г	Г	Н	Р	Д	Ц	Д	Б	У	О	М	Ш	Л	Т
А	А	У	О	Е	Е	У	К	Х	Б	У	Е	Е	Ц
Р	М	М	Т	Л	А	Б	Т	С	А	З	Б	Т	Ј
Ј	Н	Ј	А	Т	А	Ш	И	К	Т	И	Н	Д	А
Ц	Ш	А	Ш	П	Б	Б	Е	Х	Ж	К	И	Ш	Њ
Г	Б	М	Р	П	К	Л	О	В	Н	А	К	S	S

АКРОБАТ
ЖИВОТНИ
БАЛОНИ
КЛОВН
КОСТИМ
СЛОН
ЖОНГЛЕР
ЛАВ
МАГИЈА
ВОЛШЕБНИК
МАЈМУН
МУЗИКА
ПАРАДА
ПОКАЖИ
ГЛЕДАЧ
ШАТОР
БИЛЕТ
ТИГАР
ТРИК

28 - Restaurant #2

К	В	Ж	А	М	К	Р	Ѕ	Ч	Ч	П	Ј	Л	Д
Е	С	К	З	А	Ч	И	Н	И	Г	Ј	П	Љ	Р
Л	У	О	У	Б	Г	И	Љ	Ѕ	А	С	Ф	В	Г
Н	П	Р	Х	С	М	И	К	Ѕ	М	П	О	Љ	Ч
Е	А	И	Р	Ж	Н	Л	С	Т	О	Л	И	Л	З
Р	К	Б	Т	И	Н	И	Н	Е	Т	С	Е	Т	Е
Т	Ш	А	П	П	З	Д	Ц	У	А	Ш	Т	П	Л
О	У	Ц	А	Т	А	Л	А	С	Б	Е	Г	И	Е
Р	Л	И	Р	М	Р	В	О	Д	А	Х	О	Ј	Н
Т	И	Ж	Е	У	М	Љ	К	М	Н	М	П	А	Ч
А	В	А	Ч	Х	Ч	Ј	А	Ј	Ц	А	Њ	Л	У
О	Ш	Л	Е	Г	П	Е	Ј	Ш	О	В	О	О	К
М	Х	Б	В	Њ	Б	Л	К	Њ	Б	Ј	Л	К	С
Е	Њ	В	Љ	Ч	Ч	Г	Њ	Г	Е	И	А	Ш	Н

ПИЈАЛОК
ТОРТА
СТОЛ
ВКУСНИ
ВЕЧЕРА
ЈАЈЦА
РИБА
ВИЛУШКА
ОВОШЈЕ
МРАЗ
РУЧЕК
ТЕСТЕНИНИ
САЛАТА
СОЛ
СУПА
ЗАЧИНИ
ЛАЖИЦА
ЗЕЛЕНЧУК
КЕЛНЕР
ВОДА

29 - Geology

Љ	У	К	Ф	О	С	И	Л	О	С	С	Т	Т	К
Н	Ф	Р	Е	З	Ј	Е	Г	К	А	М	Е	Н	Д
М	У	И	Ц	Л	А	К	Г	Н	С	Г	Т	Ѕ	Н
К	У	С	П	Л	А	Т	О	Л	Л	А	Р	О	К
И	Љ	Т	Н	Е	Н	И	Т	Н	О	К	В	Д	Б
С	Х	А	Ј	И	З	О	Р	Е	Ј	П	Д	А	Г
Е	Ѕ	Л	Ц	М	И	Н	Е	Р	А	Л	И	Ц	Л
Л	Л	И	Љ	И	П	К	В	А	Р	Ц	Л	Ф	Г
И	А	Ц	Љ	Њ	К	Е	В	У	Л	К	А	Н	У
Н	Д	Н	С	Ш	Ж	Л	Ш	Н	П	Ш	Ј	И	А
А	К	Ж	Г	Ѕ	В	Л	У	Т	М	Ш	Б	Ш	Г
Т	Б	Е	О	О	Х	А	Н	С	Е	И	В	Б	Ф
С	Т	А	Л	А	К	Т	И	Т	И	Р	Ш	У	Г
З	Е	М	Ј	О	Т	Р	Е	С	Љ	Г	А	Д	А

КИСЕЛИНА
КАЛЦИУМ
ПЕШТЕРА
КОНТИНЕНТ
КОРАЛ
КРИСТАЛИ
ЦИКЛУСИ
ЗЕМЈОТРЕС
ЕРОЗИЈА
ФОСИЛ

ГЕЈЗЕР
ЛАВА
СЛОЈ
МИНЕРАЛИ
ПЛАТО
КВАРЦ
СОЛ
СТАЛАКТИТ
КАМЕН
ВУЛКАН

30 - House

Р	У	Ф	С	Б	П	Љ	К	Т	Г	К	П	Љ	Ж
О	Г	Њ	Ж	О	Ф	О	Ј	И	М	А	Р	О	Љ
Н	В	А	Љ	О	Б	Х	Т	И	Њ	М	О	Г	Ф
П	О	К	Р	И	В	А	С	К	Ц	И	З	Р	Ф
М	Т	Њ	А	Т	А	Р	В	Х	Р	Н	О	А	Ш
Љ	Ш	А	Н	Ј	У	К	Е	М	В	О	Р	Д	Н
А	Њ	Д	А	О	У	Ш	Т	Р	И	А	В	А	У
М	П	А	К	Е	Т	О	И	Л	Б	И	Б	Ј	Ц
З	А	В	Е	С	И	И	Л	Е	Б	Е	М	Ј	Е
Р	Ж	Е	Л	Ш	Ф	Л	К	Ѕ	И	Д	С	Т	И
Л	А	Л	Т	Е	М	И	А	Н	И	Д	А	Р	Г
О	Р	Б	Н	Х	Т	Ј	В	Ш	В	Ш	М	Ж	А
Р	А	Л	М	Ј	И	В	Е	Ч	У	Л	К	А	Т
О	Г	Л	Е	Д	А	Л	О	И	Р	Љ	Ц	С	К

ПОТКРОВЈЕ
МЕТЛА
ЗАВЕСИ
ВРАТА
ОГРАДА
КАМИН
КАТ
МЕБЕЛ
ГАРАЖА
ГРАДИНА
КЛУЧЕВИ
КУЈНА
СВЕТИЛКА
БИБЛИОТЕКА
ОГЛЕДАЛО
ПОКРИВ
СОБА
ТУШ
ЅИД
ПРОЗОР

31 - Physics

Е	М	Е	Х	А	Н	И	К	А	Ф	Ј	Ш	Е	Ц
Е	Л	Ж	Ѕ	И	Њ	Ч	Ц	Г	О	В	С	Ј	М
Ч	Л	Е	Е	Њ	А	В	У	З	Р	Б	А	З	А
Ч	М	И	К	С	И	М	Е	Х	М	Ч	Ч	Б	Г
И	К	Ч	И	Т	С	Е	Ч	Б	У	Д	О	Ф	Н
Ф	А	Л	А	Ч	Р	Б	Ч	Т	Л	Ц	Е	Е	Е
А	Л	О	Ч	Ж	К	О	А	Е	А	Г	А	С	Т
Ј	Ј	Ц	Љ	Е	В	И	Н	Р	Е	И	Г	Б	И
Ф	Р	Е	К	В	Е	Н	Ц	И	Ј	А	У	Р	З
М	О	Л	Е	К	У	Л	А	М	А	Н	С	З	А
М	Х	А	О	С	В	Ч	С	О	Т	Г	Т	И	М
К	А	Љ	Р	У	Ѕ	Ѕ	Х	Т	О	К	И	Н	Ш
П	М	С	Б	В	Т	А	Ф	О	М	Р	Н	А	Ц
Н	Е	А	А	С	К	В	Х	Р	Л	Т	А	М	Љ

ЗАБРЗУВАЊЕ
АТОМ
ХАОС
ХЕМИСКИ
ГУСТИНА
ЕЛЕКТРОН
МОТОР
ФОРМУЛА
ФРЕКВЕНЦИЈА
ГАС
МАГНЕТИЗАМ
МАСА
МЕХАНИКА
МОЛЕКУЛА
ЧЕСТИЧКИ
БРЗИНА

32 - Climbing

Т	С	О	Н	Л	И	Б	А	Т	С	К	И	Р	А
Р	Е	П	Е	Ш	Т	Е	Р	А	Г	Љ	А	А	Т
Е	Ф	Р	Х	Т	О	Г	Ц	М	Л	Д	О	К	М
П	А	Д	Е	Р	В	О	П	Ж	П	Ј	К	А	О
С	Л	В	Ф	Н	Е	С	Е	Т	Н	Ж	О	В	С
К	Х	О	Н	Ш	А	Д	Д	У	С	Ш	Х	И	Ф
Е	Б	Д	П	Ф	Ф	И	З	И	Ч	К	И	Ц	Е
Ш	С	И	Ц	И	В	З	И	Д	Е	Р	П	И	Р
Л	И	Ч	В	П	Е	Ш	А	Ч	Е	Њ	Е	М	А
Е	Л	И	Ј	И	О	Б	У	К	А	Г	Ф	З	Ж
М	А	П	Н	Л	С	М	П	Ц	Г	Ј	Г	И	Е
Б	Т	С	О	Н	Т	И	П	О	Б	У	Љ	Ч	П
Ж	Ј	Х	О	У	Т	Ј	Н	И	Ф	У	Ц	С	О
Б	Ш	Т	Х	К	Ц	В	Н	А	М	А	П	А	Ш

ВИСИНА
АТМОСФЕРА
ЧИЗМИ
ПЕШТЕРА
ПРЕДИЗВИЦИ
ЉУБОПИТНОСТ
ЕКСПЕРТ
РАКАВИЦИ
ВОДИЧИ
ШЛЕМ
ПЕШАЧЕЊЕ
ПОВРЕДА
МАПА
ТЕСЕН
ФИЗИЧКИ
СТАБИЛНОСТ
СИЛА
ТЕРЕН
ОБУКА

33 - Shapes

У	Т	Р	И	А	Г	О	Л	Н	И	К	У	Ч	К
Р	Д	П	О	Л	И	Г	О	Н	Ќ	Х	Р	Љ	О
Ш	А	Л	О	Б	Р	Е	П	И	Х	О	К	К	Ц
Г	Т	Б	Т	Ш	Е	Т	С	У	Њ	Х	Ш	У	К
С	Ш	В	О	Г	У	Р	К	В	У	И	Л	Е	А
С	О	Ц	Њ	В	У	Б	А	П	Р	И	З	М	А
М	Л	Х	Ј	Т	И	О	Т	Д	Њ	Т	Х	Х	О
Л	П	К	Р	И	В	А	С	У	Н	О	К	Т	В
И	Ј	Л	Х	Ш	С	Ц	Т	Ј	М	И	Ѕ	Е	А
Н	Ш	А	Д	И	М	А	Р	И	П	Р	Л	Л	Л
И	Ш	Ч	О	О	А	Л	А	Л	С	О	У	И	М
Ј	Д	Е	М	О	Ж	П	Н	А	Ф	В	Ѕ	П	Ц
А	Р	Е	Ф	С	П	Ѕ	А	К	Р	Н	П	С	Ц
П	Р	А	В	О	А	Г	О	Л	Н	И	К	А	Р

ЛАК
КРУГ
КОНУС
ЌОШЕ
КОЦКА
КРИВА
ЦИЛИНДАР
РАБОВИ
ЕЛИПСА
ХИПЕРБОЛА
ЛИНИЈА
ОВАЛ
ПОЛИГОН
ПРИЗМА
ПИРАМИДА
ПРАВОАГОЛНИК
СТРАНА
СФЕРА
ПЛОШТАД
ТРИАГОЛНИК

34 - Scientific Disciplines

М	Љ	Њ	Н	У	Б	И	Ј	П	Р	В	Ф	О	Т
Е	А	Ј	И	Г	О	Л	О	Х	И	С	П	В	Е
Х	Ј	Х	А	Ч	Т	Д	Њ	Н	Е	Ч	Е	Х	Р
А	И	С	Њ	В	А	Њ	Х	Е	Р	С	К	Н	М
Н	М	Б	Ц	В	Н	Б	Ж	Ф	М	У	О	Е	О
И	Е	Б	Н	С	И	Н	А	Ф	Ф	К	Л	В	Д
К	Х	У	Р	У	К	Д	У	О	Е	Т	О	Р	И
А	Ѕ	В	Д	А	А	К	Ѕ	О	П	Х	Г	О	Н
И	М	У	Н	О	Л	О	Г	И	Ј	А	И	Л	А
А	Р	Х	Е	О	Л	О	Г	И	Ј	А	Ј	О	М
Ф	И	З	И	О	Л	О	Г	И	Ј	А	А	Г	И
А	Н	А	Т	О	М	И	Ј	А	Н	Б	С	И	К
Л	И	Н	Г	В	И	С	Т	И	К	А	К	Ј	А
М	И	Н	Е	Р	А	Л	О	Г	И	Ј	А	А	Б

АНАТОМИЈА
АРХЕОЛОГИЈА
БОТАНИКА
ХЕМИЈА
ЕКОЛОГИЈА
ИМУНОЛОГИЈА
ЛИНГВИСТИКА
МЕХАНИКА
МИНЕРАЛОГИЈА
НЕВРОЛОГИЈА
ФИЗИОЛОГИЈА
ПСИХОЛОГИЈА
ТЕРМОДИНАМИКА

35 - Science

S	У	Ж	Р	Н	А	У	Ч	Н	И	К	О	Г	Л
В	О	Б	Ж	А	К	И	З	И	Ф	Е	О	Р	А
Ј	К	Т	И	К	С	И	М	Е	Х	Њ	О	А	Б
Д	У	И	Ц	Д	О	Т	Е	М	О	Т	А	В	О
Ћ	Х	С	Њ	В	Ј	К	Е	О	А	Ј	Љ	И	Р
Р	Д	S	У	S	Ч	А	А	Н	Ј	Ч	Ш	Т	А
М	Т	Њ	С	У	Ј	Ф	М	Њ	И	Л	Б	А	Т
О	Ф	О	С	И	Л	Л	И	Ј	Ц	Ј	Р	Ц	О
Л	М	И	Н	Е	Р	А	Л	И	У	Ц	А	И	Р
Е	Ч	Е	С	Т	И	Ч	К	И	Л	Њ	О	Ј	И
К	П	О	Д	А	Т	О	Ц	И	О	Б	Љ	А	Ј
У	Х	И	П	О	Т	Е	З	А	В	Р	У	У	А
Л	Д	Љ	Т	Н	Е	М	И	Р	Е	П	С	К	Е
И	П	Р	И	Р	О	Д	А	Т	А	Ч	Е	Љ	Е

АТОМ
ХЕМИСКИ
КЛИМА
ПОДАТОЦИ
ЕВОЛУЦИЈА
ЕКСПЕРИМЕНТ
ФАКТ
ФОСИЛ
ГРАВИТАЦИЈА
ХИПОТЕЗА
ЛАБОРАТОРИЈА
МЕТОД
МИНЕРАЛИ
МОЛЕКУЛИ
ПРИРОДАТА
ЧЕСТИЧКИ
ФИЗИКА
РАСТЕНИЈА
НАУЧНИК

36 - Beauty

М	У	С	Л	У	Г	И	С	Ф	Р	Љ	Д	Љ	Б
А	А	Л	С	А	М	И	Т	О	Ѕ	О	Х	М	Ж
К	В	С	Г	О	Х	Н	И	Т	Б	Ѕ	Б	И	В
Н	О	П	К	Л	Љ	Е	Л	О	Ш	Г	Л	Р	Ф
И	Е	З	Ж	А	У	Ч	И	Г	П	Ф	У	И	Х
М	Л	М	М	Д	Р	А	С	Е	Р	Г	В	С	Ѕ
Ш	Е	А	П	Е	Љ	А	Т	Н	О	П	М	А	Ш
С	Г	З	П	Л	Т	И	О	С	И	К	Ф	Н	Л
К	А	Н	Л	Г	П	И	Е	К	З	Ѕ	О	Х	Л
К	Н	И	Ш	О	Ц	Ј	К	И	В	Ч	С	Ж	Т
И	Т	Г	Ш	А	Р	М	Ч	А	О	О	Њ	Р	А
А	Е	К	А	Р	М	И	Н	В	Д	Ѕ	Ш	Н	О
А	Н	Н	О	Ж	И	Ц	И	С	И	Ј	Н	Ш	Г
Б	О	Ј	А	Е	Л	Е	Г	А	Н	Ц	И	Ј	А

ШАРМ
БОЈА
КОЗМЕТИКА
ЕЛЕГАНЦИЈА
ЕЛЕГАНТЕН
МИРИС
КАРМИН
ШМИНКА
МАСКАРА
ОГЛЕДАЛО
МАСЛА
ФОТОГЕНСКИ
ПРОИЗВОДИ
НОЖИЦИ
УСЛУГИ
ШАМПОН
КОЖА
МАЗНИ
СТИЛИСТ

37 - To Fill

М	Љ	Ј	Р	Ц	Њ	Л	К	Љ	Т	У	Џ	Г	М
А	Ј	А	С	Б	И	Н	У	Л	Е	Ч	Е	Љ	Ј
К	А	Р	Т	О	Н	А	Т	Г	Г	Г	Б	И	Р
Л	Ц	К	Ж	О	Х	Г	И	М	Л	С	Ч	П	Б
Њ	И	Т	В	С	Е	А	Ј	Д	А	Н	З	А	В
Б	Н	Ц	О	Е	Г	Ј	А	Х	К	О	Ј	Р	Г
Г	Ш	Ч	Т	Р	Ц	Б	Г	Ч	П	Ѕ	В	Р	Ф
Љ	О	В	Х	Њ	Б	А	Љ	А	А	Л	К	В	И
Ј	К	Ш	И	Ш	Е	А	А	Ш	П	А	И	Г	О
Д	В	Ф	Ш	Р	Ж	Д	О	Р	Б	Н	У	К	К
И	В	У	Л	Е	Р	А	Б	Ф	Л	Х	Љ	В	А
В	О	Ц	А	Ф	О	К	М	Б	Х	Г	О	У	А
Ч	Ц	Р	Е	У	Т	О	К	Е	А	Љ	Л	О	Ж
Ф	Ј	П	А	К	Е	Т	Ч	У	Ч	Ј	К	Ј	Т

ТОРБА
БАРЕЛ
КОШНИЦА
ШИШЕ
КУТИЈА
КОФА
КАРТОН
ГАЈБА
ФИОКА
ПЛИК
ПАПКА
ТЕГЛА
ПАКЕТ
ЏЕБ
КУФЕР
КАДА
ЦЕВКА
ВАЗНА
БРОД

38 - Clothes

М	Ч	И	К	Р	Е	М	Р	А	Ф	Љ	С	Р	Р
П	Ф	Ѕ	Р	О	Т	Л	А	П	Ј	Х	Е	М	А
Ч	Ж	Е	Е	Т	Ш	И	Н	Л	О	Д	З	О	К
Е	Ш	А	П	К	А	У	Ѕ	Ѕ	Б	Ч	У	К	А
В	Њ	Ц	М	Д	Н	Ф	Л	П	О	Ј	А	С	В
Л	Л	И	Е	Д	К	К	У	А	У	Н	З	Л	И
И	С	В	Џ	Ш	А	Њ	С	С	Њ	М	У	П	Ц
Т	И	К	А	Н	Ј	Г	У	А	Т	И	Л	М	И
А	Л	А	П	И	Ж	А	М	И	Н	А	Б	О	Ч
Р	Ѕ	Р	А	Б	Д	Ш	В	У	Н	Д	Н	Д	К
У	И	А	К	Л	И	Т	С	Е	Р	П	А	А	В
Ј	Ж	Н	Ш	А	Л	Т	М	Б	Њ	Ѕ	Г	Л	П
П	А	Н	Т	А	Л	О	Н	И	Р	И	А	Х	И
Л	Т	Б	Л	Х	Б	В	Л	Б	Њ	Д	А	А	П

ПРЕСТИЛКА
ПОЈАС
БЛУЗА
НАРАКВИЦА
ПАЛТО
ФУСТАН
МОДА
РАКАВИЦИ
ШАПКА
ЈАКНА
ФАРМЕРКИ
НАКИТ
ПИЖАМИ
ПАНТАЛОНИ
САНДАЛИ
ШАЛ
КОШУЛА
ЧЕВЛИ
ЗДОЛНИШТЕ
ЏЕМПЕР

39 - Astronomy

А	Т	Е	К	А	Р	У	З	А	Р	Х	А	Р	З
Ј	С	О	М	С	О	К	Р	Т	А	П	С	S	А
И	С	Т	Ф	Д	П	Х	А	А	М	М	Т	Х	Т
Р	У	Е	Р	И	Р	И	Ч	Ј	Н	Е	Р	И	Е
О	П	И	Р	О	Е	Т	Е	М	О	С	О	С	М
Т	Е	Д	Н	Р	Н	Љ	Њ	Е	Д	Е	Н	А	Н
А	Р	З	Ц	Е	У	А	Е	З	Е	Ч	О	Т	У
В	Н	Е	Х	Т	Б	S	У	Ф	Н	И	М	Е	В
Р	О	В	Е	С	Ж	О	В	Т	И	Н	Б	Л	А
Е	В	S	К	А	В	Ч	Т	Б	Ц	А	В	И	Њ
С	А	О	Ф	Њ	Д	К	Е	О	А	Т	Л	Т	Е
П	Х	С	М	А	Г	Л	И	Н	А	А	О	Ч	Х
О	Г	А	Л	А	К	С	И	Ј	А	S	Ј	Ч	Б
З	О	Д	И	Ј	А	К	П	Л	А	Н	Е	Т	А

АСТЕРОИД
АСТРОНАУТ
АСТРОНОМ
СОЅВЕЗДИЕТО
КОСМОС
ЗЕМЈАТА
ЗАТЕМНУВАЊЕ
РАМНОДЕНИЦА
ГАЛАКСИЈА
МЕТЕОР
МЕСЕЧИНАТА
МАГЛИНА
ОПСЕРВАТОРИЈА
ПЛАНЕТА
ЗРАЧЕЊЕ
РАКЕТА
САТЕЛИТ
НЕБОТО
СУПЕРНОВА
ЗОДИЈАК

40 - Health and Wellness #2

О	Б	Н	О	В	У	В	А	Њ	Е	Н	Х	А	Д
Б	О	Л	Н	И	Ц	А	Т	Е	И	Д	И	П	Е
Ѕ	Н	С	О	И	Ц	Ј	Т	М	Г	М	Г	Е	Х
Е	М	И	А	Р	Л	И	И	М	Ж	М	И	Т	И
И	Ж	Ј	Ц	О	И	М	Т	Е	О	Б	Е	И	Д
А	Н	Е	Х	Л	Г	О	Е	Н	В	В	Н	Т	Р
Ж	Л	Ф	У	А	В	Т	Ж	З	И	Њ	А	Љ	А
А	Г	Е	Е	К	Г	А	И	Д	Т	С	Ј	Х	Ц
С	А	О	Р	К	Ж	Н	Н	Р	А	Т	И	А	И
А	С	К	Ж	Г	Ц	А	А	А	М	Т	Г	Ш	Ј
М	К	Р	В	У	И	И	Ѕ	В	И	Х	Р	Г	А
Б	О	Л	Е	С	Т	Ј	Ј	О	Н	У	Е	С	Д
И	С	Х	Р	А	Н	А	А	А	Ф	Ш	Н	К	Г
С	Т	Р	Е	С	А	К	И	Т	Е	Н	Е	Г	К

АЛЕРГИЈА
АНАТОМИЈА
АПЕТИТ
КРВ
КАЛОРИИ
ДЕХИДРАЦИЈА
ДИЕТА
БОЛЕСТ
ЕНЕРГИЈА
ГЕНЕТИКА
ЗДРАВО
БОЛНИЦА
ХИГИЕНА
ИНФЕКЦИЈА
МАСАЖА
ИСХРАНА
ОБНОВУВАЊЕ
СТРЕС
ВИТАМИН
ТЕЖИНА

41 - Time

В	Р	С	Љ	Ч	Н	Е	Д	Е	Л	А	Њ	S	Р
М	Е	С	Е	Ц	А	Н	И	Н	Д	И	Л	К	А
К	А	С	Љ	С	Е	С	А	Ч	Д	О	В	А	Н
Н	С	Н	Е	Ш	И	Д	О	Г	Љ	Г	П	Л	О
П	Љ	П	Н	А	Г	Е	С	В	Д	Е	Н	Е	Г
С	П	Р	Д	Н	П	Н	О	П	Н	Њ	Ж	Н	Л
Г	А	Л	А	О	Д	Е	Р	П	Г	И	Ч	Д	Г
В	Е	К	Л	Б	И	С	О	Р	Т	У	К	А	К
П	Е	Ш	П	Љ	В	Ф	К	М	Л	Ј	Т	Р	И
И	Ј	Ц	Ж	М	И	Л	С	Н	И	Т	Х	Д	Љ
Д	Е	Ц	Е	Н	И	Ј	А	Р	О	Н	У	Х	К
Г	О	Д	И	Н	А	О	Н	Б	Љ	Ќ	У	Г	В
А	Ј	О	Х	А	В	Ц	Њ	П	У	Ш	Ц	Т	М
Ч	Е	Ф	Е	Ш	Љ	Р	И	Ц	Ш	Њ	И	Х	А

ГОДИШЕН
ПРЕД
КАЛЕНДАР
ВЕК
ЧАСОВНИК
ДЕН
ДЕЦЕНИЈА
РАНО
ИДНИНА
ЧАС
МИНУТА
МЕСЕЦ
УТРО
НОЌ
ПЛАДНЕ
СЕГА
НАСКОРО
ДЕНЕС
НЕДЕЛА
ГОДИНА

42 - Buildings

О	Ц	З	Љ	Т	Ж	Г	Л	Л	Е	Т	С	О	Х
П	Ф	А	С	Е	А	Њ	А	У	К	Е	В	Б	О
С	Т	М	Ч	Т	У	С	Б	Ш	С	А	Т	Ѕ	Ж
Е	Е	О	Ч	Ш	А	Е	О	А	Ј	Т	Ј	Х	И
Р	К	К	Б	И	К	Н	Р	Т	Љ	А	М	О	М
В	Р	Б	О	Л	И	Н	А	О	Х	Р	Ј	Т	У
А	А	И	Л	И	Р	Д	Т	Р	Ш	К	Е	Е	З
Т	М	Х	Н	Ч	Б	А	О	Х	И	Т	И	Л	Е
О	Р	Ш	И	У	А	Ѕ	Р	Ш	А	К	А	Н	Ј
Р	Е	Р	Ц	Д	Ф	Ш	И	У	Е	У	А	Л	О
И	П	Р	А	М	Љ	Р	Ј	П	Р	Л	Т	К	А
Ј	У	И	А	Д	А	С	А	Б	М	А	С	Ј	Д
А	С	Т	А	Д	И	О	Н	Р	Е	О	Ц	О	А
К	А	Б	И	Н	А	Х	Ч	Х	П	У	И	П	Ѕ

СТАН
ШТАЛА
КАБИНА
ЗАМОК
КИНО
АМБАСАДА
ФАБРИКА
БОЛНИЦА
ХОСТЕЛ
ХОТЕЛ
ЛАБОРАТОРИЈА
МУЗЕЈ
ОПСЕРВАТОРИЈА
УЧИЛИШТЕ
СТАДИОН
СУПЕРМАРКЕТ
ШАТОР
ТЕАТАР
КУЛА

43 - Philanthropy

В	И	З	П	Е	И	Т	К	А	Т	Н	О	К	М
Е	И	М	А	Р	Г	О	Р	П	Р	Ѕ	М	Ф	И
Л	П	Ф	Ж	Е	Е	Ч	Ѕ	Њ	Е	Љ	Л	И	С
И	У	М	О	В	Д	Д	К	Н	Б	Љ	А	Н	И
К	Р	М	Ј	Н	Ш	Н	И	Ч	А	Р	Д	А	Ј
О	Г	А	Ц	Е	Д	Ј	И	З	Н	М	И	Н	А
Д	Г	Ѕ	Ш	Л	Ѕ	О	Л	Ц	В	Б	Н	С	Ј
У	Е	А	Ж	А	М	М	В	С	А	И	А	И	И
Ш	И	Л	Ѕ	Б	Р	И	К	И	Ј	Л	Ц	И	Р
Н	К	Ц	А	О	Л	У	Ѓ	Е	Ф	Е	П	И	О
О	Б	Т	И	Л	Н	П	Б	Њ	Ж	Ц	И	Р	Т
С	Л	Т	В	Г	Ч	Ѕ	С	Н	Ц	Њ	К	А	С
Т	С	О	Н	Е	Р	К	С	И	Х	Ј	К	П	И
П	Ч	О	В	Е	Ш	Т	В	О	Т	О	М	Б	Д

ПРЕДИЗВИЦИ
ДЕЦА
ЗАЕДНИЦА
КОНТАКТИ
ФИНАНСИИ
ФОНДОВИ
ВЕЛИКОДУШНОСТ
ГЛОБАЛЕН
ЦЕЛИ
ГРУПИ
ИСТОРИЈА
ИСКРЕНОСТ
ЧОВЕШТВОТО
МИСИЈА
ТРЕБА
ЛУЃЕ
ПРОГРАМИ
ЈАВНА
МЛАДИНА

44 - Gardening

Ч	Е	Ш	У	Ц	S	Т	С	О	П	М	О	К	В
А	Г	А	Л	В	В	Б	Е	В	А	И	Д	S	О
И	З	У	Ф	И	А	Е	Г	О	В	Л	И	Р	Д
Г	О	Љ	Г	У	С	И	Т	Ш	У	Ш	К	С	А
Л	Т	Т	А	Ј	И	Т	О	Т	С	И	Ч	Е	Н
Д	И	Н	Т	Е	В	Ц	И	А	В	Њ	И	З	К
Р	Ч	Ј	М	Л	В	Г	М	Р	И	С	Н	О	Р
Е	Н	М	А	В	Ч	О	П	Н	Д	К	А	Н	И
Т	И	Љ	Ф	Њ	Н	Д	С	И	О	Ц	Т	С	Т
К	Л	И	М	А	И	Ж	И	К	В	М	О	К	Т
Ф	Н	Ч	У	К	А	М	Х	Ш	И	П	Б	И	П
Ј	А	Д	Е	Њ	Е	З	Е	Л	Е	Н	И	Л	О
М	Ш	Л	И	С	Т	А	S	С	Ц	Р	Е	В	О
Б	У	К	Е	Т	К	О	Н	Т	Е	Ј	Н	Е	Р

ЦВЕТ
БОТАНИЧКИ
БУКЕТ
КЛИМА
КОМПОСТ
КОНТЕЈНЕР
НЕЧИСТОТИЈА
ЈАДЕЊЕ
ЕГЗОТИЧНИ
ЦВЕТНИ
ЗЕЛЕНИЛО
ЦРЕВО
ЛИСТ
ВЛАГА
ОВОШТАРНИК
СЕЗОНСКИ
СЕМИЊА
ПОЧВА
ВИДОВИ
ВОДА

45 - Herbalism

Т	А	Р	А	Г	О	Н	Е	Н	З	С	К	Ж	Ѕ
И	Ѕ	Л	И	О	Њ	Ж	Н	А	Е	Ф	Т	О	Ф
Д	М	М	Њ	Р	П	Д	Ф	Н	Л	Њ	О	Ш	А
Р	У	З	М	А	Р	И	Н	Е	Е	М	И	Ш	Б
Ј	Б	К	Д	Х	А	Ѕ	Ж	Ж	Н	Ѕ	Н	Л	Р
А	М	А	Г	Д	О	Н	О	С	А	Г	Б	Б	И
К	Н	Е	И	К	С	Р	А	Н	И	Л	У	К	К
Ј	А	А	Х	У	Ѕ	Ц	У	Д	А	Д	Ф	Ж	А
О	Р	Д	С	Л	О	В	М	Т	Р	Г	Л	Н	Р
Т	Ф	Н	У	О	Ш	Е	Њ	Д	Е	И	И	У	Е
С	А	А	К	Х	Н	Т	Ф	Ц	Ѕ	К	Г	Р	С
О	Ш	В	В	К	О	Р	И	С	Н	И	Ч	А	О
С	Њ	А	А	Р	О	М	А	Т	И	Ч	Н	И	Н
К	Е	Л	И	С	О	Б	Г	Р	А	Д	И	Н	А

АРОМАТИЧНИ
БОСИЛЕК
КОРИСНИ
КУЛИНАРСКИ
АНАСОН
ВКУС
ЦВЕТ
ГРАДИНА
ЛУК
ЗЕЛЕНА
СОСТОЈКА
ЛАВАНДА
РИГАН
НАНЕ
ОРИГАНО
МАГДОНОС
ФАБРИКА
РУЗМАРИН
ШАФРАН
ТАРАГОН

46 - Vehicles

Г	М	Д	А	Т	Е	К	А	Р	Д	Д	В	Ф	Ѕ
У	З	О	В	В	В	Ш	Д	А	Б	О	Е	Е	Ѕ
М	С	Р	Т	К	Т	Ш	Р	Т	С	В	Л	Р	С
И	Р	Б	Ф	О	А	О	И	А	Н	Г	О	И	К
Р	Љ	Ж	Р	Ч	Р	М	Б	Р	Ж	С	С	Б	У
Б	Ѕ	Ж	Х	Ж	Ј	Ф	И	У	С	П	И	О	Т
Р	И	С	К	А	С	Ф	С	О	С	Л	П	Т	Е
О	Ш	А	Т	Л	Ш	Ж	К	У	Н	А	Е	Г	Р
Т	К	Р	Њ	Ж	Е	Ч	А	Д	Ј	В	Д	К	Н
К	К	С	О	Ж	Р	Г	Т	Д	А	У	Х	В	Л
А	В	Т	О	М	О	Б	И	Л	М	Е	Ж	А	У
Р	Е	Т	П	О	К	И	Л	Е	Х	Б	К	Н	Ѕ
Т	Љ	П	О	Д	М	О	Р	Н	И	Ц	А	Ј	Ч
А	В	И	О	Н	К	А	Р	А	В	А	Н	А	Р

АВИОН
ВЕЛОСИПЕД
БРОД
АВТОБУС
АВТОМОБИЛ
КАРАВАН
ФЕРИБОТ
ХЕЛИКОПТЕР
МОТОР
СПЛАВ
РАКЕТА
СКУТЕР
ШАТЛ
ПОДМОРНИЦА
ТАКСИ
ГУМИ
ТРАКТОР
ВОЗ
КАМИОН
ВАН

47 - Health and Wellness #1

Р	К	Р	Л	Ц	В	Г	М	Т	П	Н	В	Ф	П
Е	Л	О	Е	А	К	И	Н	И	Л	К	А	Р	П
Ф	А	Ш	Т	Л	Љ	Њ	С	Њ	У	В	К	А	Ш
Л	К	Ј	Е	М	А	Л	Е	И	К	В	Т	К	В
Е	И	И	Р	Е	Т	К	А	Б	Н	Ф	И	Т	Х
К	В	И	А	У	Ж	Р	С	Њ	Л	А	В	У	О
С	А	Е	П	Т	Ч	Х	А	А	Њ	У	Н	Р	Р
Т	Н	Ч	И	К	С	О	К	Н	Ц	А	И	А	М
Н	Р	С	Ј	Ш	Т	В	Е	И	Љ	И	Л	Ф	О
Е	О	Е	А	Ѕ	Н	И	Т	Ц	В	Р	Ј	Г	Н
Р	Т	А	Т	Ш	Ч	Р	П	И	А	Т	Л	А	И
В	К	В	Ж	М	Р	У	А	Д	А	Л	Г	К	Ј
И	О	Њ	Т	Ф	А	С	Ч	Е	К	О	Ж	А	О
Ф	Д	Д	Ц	Љ	Ч	Н	Љ	М	Ј	К	Ж	П	Т

АКТИВНИ
БАКТЕРИИ
КОСКИ
КЛИНИКА
ДОКТОР
ФРАКТУРА
НАВИКА
ВИСИНА
ХОРМОНИ
ГЛАД
МЕДИЦИНА
НЕРВИ
АПТЕКА
РЕФЛЕКС
РЕЛАКСАЦИЈА
КОЖА
ТЕРАПИЈА
ТРЕТМАН
ВИРУС

48 - Town

С	Ч	Ф	Х	И	Ц	П	Љ	А	К	Н	А	Б	П
П	У	Д	В	К	К	И	А	Е	А	Г	Н	Ѕ	Р
Е	Т	П	И	Г	Ж	Њ	Т	Р	А	З	А	П	О
К	Ж	Ј	Е	З	У	М	А	О	К	Н	П	Б	Д
А	В	У	Г	Р	П	Б	Ц	Д	Е	Р	И	И	А
Р	Т	Ч	А	М	М	М	И	Р	Т	Ф	О	Б	В
Н	Е	И	Л	Т	Л	А	Н	О	П	С	П	Л	Н
И	А	Л	Е	Ѕ	Т	К	Р	М	А	Ф	С	И	И
Ц	Т	И	Р	К	К	И	А	К	Л	Д	Т	О	Ц
А	А	Ш	И	И	А	Н	Ќ	Ц	Е	Т	А	Т	А
Ѕ	Р	Т	Ј	Н	Ф	И	Е	Ц	Т	Т	Д	Е	В
К	Н	Е	А	О	Е	Л	В	Ј	О	Л	И	К	К
Н	К	Х	М	Х	Г	К	Ц	Р	Х	Ѕ	О	А	В
К	Н	И	Ж	А	Р	Н	И	Ц	А	Ч	Н	Њ	Ц

АЕРОДРОМ
ПЕКАРНИЦА
БАНКА
КНИЖАРНИЦА
КАФЕ
КИНО
КЛИНИКА
ЦВЕЌАРНИЦАТА
ГАЛЕРИЈА
ХОТЕЛ
БИБЛИОТЕКА
ПАЗАР
МУЗЕЈ
АПТЕКА
УЧИЛИШТЕ
СТАДИОН
ПРОДАВНИЦА
СУПЕРМАРКЕТ
ТЕАТАР

49 - Antarctica

Ф	Ж	К	Х	Г	Ж	К	Т	Н	Н	М	М	Ж	Г
О	S	С	Ч	Ч	Г	О	Е	А	Ф	И	Л	Д	Е
Ц	Б	К	Т	Г	П	Н	М	У	Р	Г	Њ	К	О
О	Б	Л	А	Ц	И	Т	П	Ч	И	Р	И	Ц	Г
П	П	Њ	В	Л	П	И	Е	Н	И	А	Б	Ч	Р
А	О	Т	У	И	К	Н	Р	И	Г	Ц	Х	И	А
М	Ч	Л	И	Љ	И	Е	А	Ч	Л	И	Р	Н	Ф
М	И	Х	У	Ц	Ч	Н	Т	Х	Т	Ј	Р	И	И
Ч	С	Н	Д	О	И	Т	У	У	Н	А	Ф	В	Ј
Р	Т	В	Е	У	С	И	Р	Е	Ч	Е	Л	Г	А
О	Ј	З	А	Р	М	Т	А	В	О	Д	А	Н	Ј
К	Г	Њ	Л	Т	А	К	Р	Б	М	Њ	Ц	И	Њ
И	О	Х	Њ	П	Д	Л	Е	О	Г	Ј	Г	П	Д
О	С	Т	Р	О	В	И	И	М	В	И	Л	А	З

ЗАЛИВ
ПТИЦИ
ОБЛАЦИ
КОНТИНЕНТ
ГЕОГРАФИЈА
ГЛЕЧЕРИ
МРАЗ
ОСТРОВИ
МИГРАЦИЈА
МИНЕРАЛИ
ПИНГВИНИ
ПОЛУОСТРОВ
РОКИ
НАУЧНИ
ТЕМПЕРАТУРА
ВОДА

50 - Ballet

П	А	Т	Е	Ж	Т	Б	Ш	Њ	Ј	Т	А	М	М
Ж	У	П	Д	Ѕ	Љ	Ф	А	Ј	Т	Х	К	У	У
Ц	Б	Б	Л	Б	Ж	Ш	С	Л	С	А	Ѕ	З	С
Ш	О	А	Л	А	Ж	У	К	У	Е	Ф	Љ	И	К
Њ	Љ	Ј	И	И	У	Ц	А	Т	Г	Р	Ѕ	К	У
Р	И	Т	А	М	К	З	Р	Ѕ	К	К	И	А	Л
И	А	А	И	К	Г	А	П	Р	Т	С	Њ	Н	И
К	О	Р	Е	О	Г	Р	А	Ф	И	Ј	А	Ж	А
А	Ж	У	Њ	Ж	У	М	Е	Т	Н	И	Ч	К	И
Е	К	С	П	Р	Е	С	И	В	Е	Н	У	Р	Њ
С	Т	И	Л	К	О	М	П	О	З	И	Т	О	Р
Л	Е	К	Ц	И	И	Р	Е	Ч	Н	А	Т	Х	Ш
О	Р	К	Е	С	Т	А	Р	Г	К	Ч	Ц	Ѕ	К
Д	О	Б	Р	О	Т	О	В	Е	Ш	Т	И	Н	А

АПЛАУЗ
УМЕТНИЧКИ
ПУБЛИКА
БАЛЕРИНА
КОРЕОГРАФИЈА
КОМПОЗИТОР
ТАНЧЕРИ
ЕКСПРЕСИВЕН
ГЕСТ
ДОБРОТО
ЛЕКЦИИ
МУСКУЛИ
МУЗИКА
ОРКЕСТАР
ПРАКСА
РИТАМ
ВЕШТИНА
СТИЛ

51 - Fashion

О	Б	У	Н	Е	Т	Н	А	Г	Е	Л	Е	М	С
Р	Т	У	Д	А	Ње	Е	Р	Е	М	П	Т	О	К
И	Р	И	Т	О	Н	А	К	Е	Л	Б	О	Д	А
Г	Е	В	Ч	И	Б	О	К	С	Њ	Ѕ	Н	Е	П
И	Н	Ф	У	П	К	Н	Њ	Ч	Т	Ц	М	Р	О
Н	Д	С	Н	С	Ч	О	О	Д	Ж	У	О	Н	Д
А	Ч	Ч	И	Е	В	Н	С	Н	Е	Х	Р	А	Ч
Л	И	Т	С	Ф	Е	Ч	С	О	Г	Х	К	А	И
Н	Л	У	Ц	Ф	З	И	Ј	Ф	Т	Ч	С	С	П
И	Е	Д	Н	О	С	Т	А	В	Н	О	М	К	К
О	Ш	Е	М	А	Ж	К	О	П	Ч	И	Њ	А	А
Т	Ж	О	Н	Ц	Ѕ	А	Н	И	Н	Е	А	К	Т
Б	Ц	Е	Њ	П	Њ	Р	А	М	Ѕ	Ф	Љ	Т	А
И	И	Ч	Ж	Љ	Ж	П	Д	Њ	Љ	Х	Ј	Ж	Р

БУТИК
КОПЧИЊА
ОБЛЕКА
УДОБНО
ЕЛЕГАНТЕН
ВЕЗ
СКАПО
ТКАЕНИНА
ЧИПКА
МЕРЕЊА
МОДЕРНА
СКРОМНО
ОРИГИНАЛНИОТ
ШЕМА
ПРАКТИЧНО
ЕДНОСТАВНО
СТИЛ
ТЕКСТУРА
ТРЕНД

52 - Human Body

М	Т	П	Ж	Н	К	Г	В	М	Р	Г	Х	Г	В
К	О	Т	Р	Г	Љ	Х	И	Њ	Ш	И	Х	Њ	Ј
О	С	З	Т	С	С	Р	Л	Г	Л	А	В	А	К
С	О	У	О	С	Т	А	И	М	Љ	И	Ч	Ш	О
К	Н	С	Т	К	А	М	Ц	Р	А	К	А	И	Л
И	В	Т	К	М	Р	О	А	Ч	Т	С	Ж	С	Е
Љ	Н	А	А	Б	В	В	Д	Ш	А	Л	О	Р	Н
С	Љ	Т	Л	Ч	Н	У	М	Њ	Д	Д	К	Ц	О
Б	У	А	Н	Ф	Ц	И	Л	Р	А	С	А	Е	Л
Ж	Т	Р	Ц	Ч	Ц	Д	П	Њ	Р	Ф	Ш	Ц	Ч
М	Ч	Н	А	Р	Б	Р	А	Т	Б	Љ	Х	И	С
Б	У	Ц	О	С	Г	В	В	Ј	Г	Н	Љ	Л	Ј
Л	Т	Ш	В	Г	З	Г	Л	О	Б	Н	Р	Ѕ	Ѕ
Х	Х	Л	Ж	Т	А	Р	Л	А	А	К	Р	В	О

ЗГЛОБ
КРВ
КОСКИ
МОЗОК
БРАДАТА
УВО
ЛАКТОТ
ЛИЦЕ
ПРСТ
РАКА
ГЛАВА
СРЦЕ
ВИЛИЦА
КОЛЕНО
НОГА
УСТАТА
ВРАТ
НОСОТ
РАМО
КОЖА

53 - Musical Instruments

Р	Х	Ш	Љ	Д	Т	Ф	Е	В	Ф	К	Ч	Н	Ј
П	А	Т	Ј	Е	Л	Ф	У	И	Л	А	Д	Р	В
И	Р	Е	Ц	Ц	И	Њ	Ж	О	Ф	И	Г	Н	Е
Ј	М	Н	Т	А	П	А	Н	Л	М	Е	У	О	Г
А	О	И	И	Е	Л	Ж	Г	О	П	Х	Д	Ф	Т
Н	Н	Р	Т	Р	У	Б	А	Н	И	М	А	О	Х
О	И	А	Њ	Н	Ф	Л	Њ	Ч	О	О	Р	С	А
Р	К	Л	Р	О	О	Ш	Р	Е	Б	Г	Н	К	Р
У	А	К	Ж	Б	Б	Ј	Р	Л	О	А	И	А	Ф
Б	А	Ч	Н	М	Г	Ф	Ш	О	К	Љ	Њ	С	А
М	А	Н	Д	О	Л	И	Н	А	Г	Л	Е	О	У
А	Г	М	А	Р	И	М	Б	А	В	П	Б	И	М
Д	Њ	Ц	С	Т	С	Г	Ц	Г	И	Т	А	Р	А
В	И	О	Л	И	Н	А	И	М	Г	В	Н	П	Н

БАЊО
ФАГОТ
ВИОЛОНЧЕЛО
КЛАРИНЕТ
ТАПАН
ФЛЕЈТА
ГОНГ
ГИТАРА
ХАРМОНИКА
ХАРФА
МАНДОЛИНА
МАРИМБА
ОБОИ
УДАРНИ
ПИЈАНО
САКСОФОН
ДАМБУР
ТРОМБОН
ТРУБА
ВИОЛИНА

54 - Fruit

Н	Н	Т	А	Н	А	Н	А	Б	В	С	Ц	Ј	А
Е	Ф	В	П	В	Т	К	Н	И	К	Х	Ц	А	П
К	Н	Н	Ѕ	В	О	Г	У	А	В	А	Ц	Т	М
Т	Ѕ	Ж	Ш	Њ	Ц	К	Д	Ѕ	И	Љ	Н	С	Б
А	Ј	А	П	А	П	Р	А	Г	Р	О	З	Ј	Е
Р	К	Ј	Ц	О	Т	К	Е	Д	Х	А	Д	М	К
И	В	И	К	К	Ч	Н	Н	Ш	О	Н	И	А	Р
Н	Р	С	М	Л	И	М	О	Н	А	А	Њ	Л	У
А	А	Ј	К	О	К	О	С	А	К	Н	А	И	Ш
Њ	В	А	Б	Б	И	Г	Ч	Т	С	А	Р	Н	А
Н	Ж	К	Г	А	В	Н	Н	Ф	А	С	Т	А	Т
Ч	Д	И	О	Ј	Љ	А	С	И	Р	Е	Б	Ж	Ч
М	Е	Е	О	М	В	М	М	Н	П	Ѕ	М	Л	А
Љ	Ж	М	Х	Ц	С	О	К	Њ	Ѕ	У	Ж	Х	П

ЈАБОЛКО
КАЈСИЈА
АВОКАДО
БАНАНА
БЕРИ
ЦРЕША
КОКОС
СМОКВА
ГРОЗЈЕ
ГУАВА
КИВИ
ЛИМОН
МАНГО
ДИЊА
НЕКТАРИНА
ПАПАЈА
ПРАСКА
КРУША
АНАНАС
МАЛИНА

55 - Engineering

М	Д	Р	Ж	Е	Л	А	С	Д	Г	Т	Д	Н	С
Б	Е	А	Х	Р	У	Ј	Т	У	С	С	И	О	Т
А	Р	Р	И	Ж	Р	И	А	П	И	Ц	С	Н	Р
Б	У	З	Е	Ц	У	Г	Б	Р	Л	О	Т	Х	У
Д	М	Н	И	Њ	Ѕ	Р	И	Е	А	С	Р	П	К
А	Л	М	К	Н	Е	Е	Л	С	Д	К	И	О	Т
Р	Е	А	Х	И	И	Н	Н	М	И	А	Б	Г	У
Г	З	Н	Б	С	М	Е	О	Е	Ј	А	У	О	Р
З	И	И	Е	О	И	К	С	Т	А	О	Ц	Н	А
И	Д	Ш	Ц	Р	Ч	Ш	Т	К	Г	Л	И	Г	П
Т	Л	А	К	О	Б	И	Ж	А	Р	К	Ј	А	Х
Ѕ	Д	М	И	Т	Љ	С	Н	С	А	Ј	А	К	Р
Т	Е	Ч	Н	О	С	Т	Д	А	М	А	Г	О	Л
Д	И	Ј	А	М	Е	Т	А	Р	Ј	И	И	Ч	О

АГОЛ
ОСКА
ПРЕСМЕТКА
ИЗГРАДБА
ДЛАБОЧИНА
ДИЈАГРАМ
ДИЈАМЕТАР
ДИЗЕЛ
ДИСТРИБУЦИЈА
ЕНЕРГИЈА
БРЗИНИ
ДРЖЕЛА
ТЕЧНОСТ
МАШИНА
МЕРЕЊЕ
МОТОР
ПОГОН
СТАБИЛНОСТ
СИЛА
СТРУКТУРА

56 - Government

М	Н	В	Н	Л	Ј	С	Д	Г	О	В	О	Р	Е
И	О	Ј	В	И	Љ	Н	Р	Н	Л	П	Д	Н	Д
Р	К	М	Ч	Д	В	Ж	Ж	Т	С	П	Р	Е	Н
Е	А	С	С	Е	П	Б	А	Б	И	П	Ж	З	А
Н	З	О	Д	Р	П	Е	В	К	М	О	А	А	К
Д	К	Ж	К	У	Х	Д	А	Ш	Б	Л	В	В	В
Љ	И	О	И	А	С	Њ	Т	С	О	И	Ј	И	О
С	Н	С	П	Н	А	Р	О	Д	Л	Т	А	С	С
Л	Е	Р	К	О	Б	Л	А	С	Т	И	Н	Н	Т
О	М	Н	Ж	У	Х	И	Т	Н	К	К	С	О	Њ
Б	О	И	Т	Т	С	В	Ѕ	Ф	В	А	Т	С	У
О	П	Ч	Ѕ	М	И	И	Љ	Ф	П	Н	В	Т	Ж
Д	С	Т	К	Ц	Р	Ц	Ј	Г	Т	Н	О	Ч	Ч
А	Ј	П	Р	А	В	Д	А	А	Ј	Ѕ	Ј	В	Г

ДРЖАВЈАНСТВО
ЦИВИЛ
УСТАВ
ДИСКУСИЈА
ОБЛАСТ
ЕДНАКВОСТ
НЕЗАВИСНОСТ
СУДСКИ
ПРАВДА
ЗАКОН
ЛИДЕР
СЛОБОДА
СПОМЕНИК
НАРОД
МИРЕН
ПОЛИТИКА
ГОВОР
ДРЖАВА
СИМБОЛ

57 - Art Supplies

П	Т	И	Б	Т	К	И	Л	И	Р	К	А	А	П
Г	Х	Л	Ѕ	К	Р	Ч	А	Р	Е	М	А	К	А
К	И	Е	Ц	Ц	Е	Ј	Л	Р	Ј	Д	О	Х	С
О	Ж	Р	Х	А	А	Т	Ф	А	Н	Б	И	Н	Т
А	Ѕ	А	Ј	И	Т	Р	А	Х	Ч	Ж	В	Ф	Е
Ш	М	В	Ш	Ј	И	К	Т	Е	Ч	Ч	И	М	Л
Б	Г	К	Ф	Д	В	Ј	Ј	Е	Њ	Ч	Л	А	И
М	А	А	Х	Ј	Н	Њ	Ш	Њ	И	Д	О	С	К
Ј	А	Д	О	В	О	Л	Е	П	А	К	М	А	Ж
Е	А	С	Н	Б	С	Р	Ф	Л	Х	Н	В	Љ	М
Ф	Н	Г	Т	Ф	Т	Ш	К	К	Л	Ф	Ѕ	Б	Т
Е	И	Њ	Л	И	Т	Р	И	Н	О	Ж	Н	И	К
Е	Л	О	Б	Е	Л	М	О	О	Т	Б	А	Е	Ш
К	Г	С	Ф	П	Н	О	Б	Ц	С	А	В	А	К

АКРИЛИК
ЧЕТКИ
КАМЕРА
СТОЛ
ЈАГЛЕН
ГЛИНА
БОИ
КРЕАТИВНОСТ
ТРИНОЖНИК
ЛЕПАК
ИДЕИ
МАСТИЛО
НАФТА
ХАРТИЈА
ПАСТЕЛИ
МОЛИВИ
МАСА
ВОДА
АКВАРЕЛИ

58 - Science Fiction

Е	И	М	А	Г	И	Н	А	Р	Е	Н	Р	Е	Р
И	К	Ч	И	Т	С	И	Р	У	Т	У	Ф	К	О
А	У	С	А	Г	А	О	Г	Ф	П	Ѕ	П	С	Б
Л	Ј	Г	П	Д	С	Г	Л	М	В	К	Ц	Т	О
С	Ц	Л	О	Л	Љ	А	Н	Ж	Т	У	К	Р	Т
Е	Ш	Т	Х	Ј	О	Н	Ж	Б	Т	Н	Х	Е	И
К	И	Н	О	Н	Ш	З	Ѕ	Ш	Ѕ	Ј	Х	М	В
А	Ј	И	З	У	Л	И	И	Г	И	Н	К	Е	А
Т	Т	О	Р	А	К	У	Л	Ј	Ц	Љ	Ј	Н	Ч
Е	Љ	О	О	Н	Ч	И	Т	С	А	Т	Н	А	Ф
Н	С	Н	М	Г	А	Л	А	К	С	И	Ј	А	Е
А	В	Ј	Ч	С	Х	Е	М	И	К	А	Л	И	И
Л	Е	Ш	Ј	Ш	К	У	Т	О	П	И	Ј	А	Ч
П	Т	Ѕ	Ж	А	Ј	И	П	О	Т	С	И	Д	Ж

АТОМСКИ
КНИГИ
ХЕМИКАЛИИ
КИНО
ДИСТОПИЈА
ЕКСПЛОЗИЈА
ЕКСТРЕМЕН
ФАНТАСТИЧНО
ОГАН
ФУТУРИСТИЧКИ
ГАЛАКСИЈА
ИЛУЗИЈА
ИМАГИНАРЕН
ОРАКУЛ
ПЛАНЕТА
РОБОТИ
УТОПИЈА
СВЕТ

59 - Geometry

П	Љ	Т	П	Р	К	Е	Ѕ	М	Њ	Д	М	Ш	Ж
Р	Р	Н	Ш	Њ	Р	Т	Ц	Њ	А	В	И	Р	К
А	В	Е	К	У	У	Д	Е	Н	Ј	С	У	Н	П
В	Л	М	С	Е	Г	Х	М	О	И	Ј	А	Њ	Р
Е	Б	Г	Ј	М	В	Р	Ѕ	Н	Р	Б	Е	Ч	О
Н	Р	Е	Ф	Ѕ	Е	А	Њ	Л	Т	И	А	И	П
К	О	С	А	Ц	В	Т	Ц	Е	Е	Л	Ј	Ј	О
А	Ј	Х	Н	Љ	П	Е	К	Л	М	О	И	А	Р
В	И	С	И	Н	А	М	С	А	И	Г	З	Т	Ц
Т	А	Р	Ш	Е	Б	А	П	Р	С	И	Н	П	И
И	Ј	И	Р	Д	М	Ј	Ж	А	Г	К	Е	И	Ј
В	А	Х	В	Е	И	И	Ш	П	П	А	М	О	А
Г	Ш	Њ	О	Р	Ш	Д	А	Г	О	Л	И	Љ	Х
Ц	Г	Л	П	С	П	Д	Т	Б	Н	Ш	Д	Њ	М

АГОЛ
ПРЕСМЕТКА
КРУГ
КРИВА
ДИЈАМЕТАР
ДИМЕНЗИЈА
РАВЕНКА
ВИСИНА
ЛОГИКА
МАСА
СРЕДЕН
БРОЈ
ПАРАЛЕЛНО
ПРОПОРЦИЈА
СЕГМЕНТ
ПОВРШИНА
СИМЕТРИЈА
ТЕОРИЈА

60 - Creativity

В	Е	Ш	Т	И	Н	А	Д	Љ	Л	Е	И	S	С
Њ	У	Ц	Л	Ц	Р	Е	И	И	Ц	О	М	Е	В
Т	С	О	Н	Ч	И	Т	Н	Е	Т	В	А	Р	И
Т	С	О	Н	Л	А	Т	И	В	А	А	Г	С	Д
Е	А	Ј	И	Ц	А	Р	И	П	С	Н	И	П	Е
Т	И	Т	Е	А	Ј	И	Ц	И	У	Т	Н	И	И
И	З	Р	А	З	У	В	А	Њ	Е	Г	А	Ј	В
З	С	В	И	З	И	И	А	Љ	У	П	Ц	А	П
Н	Л	И	Н	В	И	Т	Н	Е	В	Н	И	С	Е
Е	И	Н	Ч	И	Т	А	М	А	Р	Д	Ј	Н	Ч
Т	К	Х	Ч	У	В	С	Т	В	А	Б	А	О	А
Н	А	С	Е	Н	З	А	Ц	И	Ј	А	Ц	С	Т
Й	И	У	М	Е	Т	Н	И	Ч	К	И	Њ	Т	О
С	П	О	Н	Т	А	Н	О	У	Б	Њ	Ј	Ш	К

УМЕТНИЧКИ
АВТЕНТИЧНОСТ
ЈАСНОСТ
ДРАМАТИЧНИ
ЕМОЦИИ
ИЗРАЗУВАЊЕ
ЧУВСТВА
ИДЕИ
СЛИКА
ИМАГИНАЦИЈА
ВПЕЧАТОК
ИНСПИРАЦИЈА
ИНТЕНЗИТЕТ
ИНТУИЦИЈА
ИНВЕНТИВНИ
СЕНЗАЦИЈА
ВЕШТИНА
СПОНТАНО
ВИЗИИ
ВИТАЛНОСТ

61 - Airplanes

О	Е	Ш	К	Ј	Т	Т	Т	Ј	П	Н	Г	Ж	Г
С	О	Х	П	И	Л	О	Т	Л	О	И	О	Д	И
Г	С	К	Г	А	Н	Ѕ	О	Т	Т	С	Р	У	Ф
М	О	Т	О	Р	Ј	Т	Ж	Н	Е	Т	И	Л	Н
В	О	Д	О	Р	О	Д	А	П	К	О	В	И	А
И	З	Г	Р	А	Д	Б	А	П	Л	Р	О	У	Т
С	Л	Е	Т	У	В	А	Њ	Е	О	И	Н	С	М
В	П	Р	О	П	Е	Л	Е	Р	И	Ј	М	Ж	О
Ж	О	Б	О	Л	А	Р	У	Т	Н	А	В	А	С
Ц	Т	З	А	Н	И	С	И	В	Ј	К	А	П	Ф
Д	О	Л	Д	Л	У	Х	С	О	А	О	Г	И	Е
Ш	Б	Л	В	У	О	Ж	Е	Н	З	С	Е	К	Р
Р	Е	Ш	Д	С	Х	Н	М	Х	И	А	А	Е	А
С	Н	Е	Љ	Т	Р	У	У	Ј	Д	Н	Ш	К	Е

АВАНТУРА
ВОЗДУХ
АТМОСФЕРА
БАЛОН
ИЗГРАДБА
ЕКИПАЖ
ПОТЕКЛО
ДИЗАЈН
НАСОКА
МОТОР
ГОРИВО
ВИСИНА
ИСТОРИЈА
ВОДОРОД
СЛЕТУВАЊЕ
ПАТНИК
ПИЛОТ
ПРОПЕЛЕРИ
НЕБОТО

62 - Ocean

О	Р	А	К	Ч	И	Њ	А	С	Ф	М	Д	Г	А
С	Ж	Н	Т	О	Ф	М	Н	К	Т	Б	Њ	К	Љ
Т	П	Н	Г	У	К	Р	Ф	У	У	Н	У	Ц	И
Р	Е	Ѓ	Н	У	С	Т	А	В	Н	И	М	Р	Ј
И	В	Њ	Њ	Љ	Н	Ј	О	И	Ѕ	Ф	Ј	М	А
Г	Б	Р	А	Н	О	В	И	П	И	Л	Ф	Е	К
И	Љ	Р	З	Ц	М	Љ	Ф	В	О	Е	Г	Х	Л
Ј	А	Г	У	Л	А	К	И	Т	Н	Д	Ј	А	Е
Љ	М	И	Д	Х	Н	Е	Б	Е	Р	Г	Ж	К	Ж
Х	Р	Р	Е	К	У	Г	Г	Р	Х	И	Н	О	Ф
К	У	А	М	А	Т	А	М	И	Л	П	Љ	Њ	К
Р	Л	Ш	Н	У	Л	А	Р	О	К	В	В	С	О
А	Р	И	Б	А	Г	Г	С	О	Л	Љ	С	Р	А
К	А	Ј	К	У	Л	А	И	Т	Ж	С	О	М	Љ

АЛГИ
КОРАЛ
РАК
ДЕЛФИН
ЈАГУЛА
РИБА
МЕДУЗА
ОКТОПОД
ОСТРИГИ
ГРЕБЕН
СОЛ
АЈКУЛА
РАКЧИЊА
СУНЃЕР
БУРА
ПЛИМАТА
ТУНА
ЖЕЛКА
БРАНОВИ
КИТ

63 - Force and Gravity

Т	Љ	В	Д	А	Л	Е	Ч	И	Н	А	Т	М	П
П	Р	Ж	Л	Т	Е	Ж	И	Н	А	Х	С	А	Р
Л	Е	И	Т	И	Р	К	Т	О	С	Ч	Љ	Г	О
А	Д	О	Е	С	Ј	Ф	И	З	И	К	А	Н	Ш
Н	И	Р	М	Њ	В	А	Н	И	З	Р	Б	Е	И
Е	Н	Б	Е	К	Е	О	Н	О	С	К	А	Т	Р
Т	А	И	Р	Б	Њ	Ч	Ј	И	Р	О	А	И	У
И	М	Т	В	Г	Е	О	Ж	С	Е	И	К	З	В
Х	И	А	Д	Ч	Ж	У	А	Р	Т	Х	И	А	А
Љ	Ч	К	О	С	И	Т	И	Р	П	В	Н	М	Њ
Ц	Е	К	Ч	Ф	В	Р	Д	Њ	Р	Њ	А	Ж	Е
И	Н	Ф	Ш	И	Д	Њ	Г	Б	У	Е	Х	Л	Њ
У	Н	И	В	Е	Р	З	А	Л	Н	А	Е	Ц	Л
Ј	Њ	А	Ш	В	Ц	Е	Н	Т	А	Р	М	М	Г

ОСКА
ЦЕНТАР
ОТКРИТИЕ
ДАЛЕЧИНА
ДИНАМИЧЕН
ПРОШИРУВАЊЕ
ТРИЕЊЕ
ВЛИЈАНИЕ
МАГНЕТИЗАМ
МЕХАНИКА
ДВИЖЕЊЕ
ОРБИТА
ФИЗИКА
ПЛАНЕТИ
ПРИТИСОК
СВОЈСТВА
БРЗИНА
ВРЕМЕ
УНИВЕРЗАЛНА
ТЕЖИНА

64 - Birds

Л	А	О	К	Ш	Е	Л	И	П	Е	Б	У	Ш	Њ
Ѕ	Ѕ	И	Х	У	Ш	Ж	Њ	Ј	А	Ј	Ц	Е	Њ
Б	Ј	Г	Н	А	К	У	Т	Д	У	Н	Ч	Ш	Б
Л	Ј	Л	Н	Љ	С	А	К	Т	А	П	А	Ц	К
Н	Т	Ц	Ф	М	В	О	В	М	Њ	Ѕ	П	Ч	В
В	Б	Е	Л	А	Г	Р	Д	И	Д	Љ	Ј	О	Н
Н	Е	Г	Л	И	Ѕ	Е	Љ	Н	Ц	Н	А	Л	У
В	Р	А	Н	А	Ј	Л	Ш	Х	Њ	А	К	Ф	А
Ч	Т	Л	Е	Б	Е	Д	Т	Ј	Ц	К	С	Р	П
Ш	С	Њ	Т	Г	Л	П	Р	Л	И	И	У	У	Е
Л	А	Г	А	П	А	П	К	О	Ш	Л	Г	Л	К
Б	Ј	Ж	П	И	Н	Г	В	И	Н	Е	Љ	Х	У
Ф	Л	А	М	И	Н	Г	О	Ц	М	П	И	Ц	Т
В	Р	А	Б	Е	Ц	А	Р	Ч	Ѕ	Х	М	Б	Л

ПИЛЕШКО
ВРАНА
КУКАВИЦА
ПАТКА
ОРЕЛ
ЈАЈЦЕ
ФЛАМИНГО
ГУСКА
ГАЛЕБ
ЈАСТРЕБ
ЧАПЈА
НОЈ
ПАПАГАЛ
ПАУН
ПЕЛИКАН
ПИНГВИН
ВРАБЕЦ
ШТРК
ЛЕБЕД
ТУКАН

65 - Nutrition

П	Р	О	Т	Е	И	Н	И	Ј	А	Д	Е	Њ	Е
Л	С	В	Ѕ	Х	Ж	Ж	Т	Е	Ж	И	Н	А	Н
Т	Е	Ч	Н	О	С	Т	И	Г	Р	И	Ј	Х	В
Ѕ	Њ	Ј	Т	Ц	Ш	К	Ј	А	П	Е	Т	И	Т
Е	Е	Љ	В	О	К	О	В	А	Р	Д	З	Ч	Н
Д	Р	Ц	Т	А	К	Б	Њ	А	Т	Е	И	Д	А
Ц	А	Ј	Р	Ш	Р	С	Љ	Ј	Л	Б	О	С	В
Л	В	Ж	У	А	Ф	Д	И	Т	Л	И	М	О	И
Г	О	Р	Ч	Л	И	В	З	Н	М	Т	Т	К	К
И	З	Б	А	Л	А	Н	С	И	Р	А	Н	Е	И
К	А	Л	О	Р	И	И	В	К	У	С	Ш	М	Т
В	И	Т	А	М	И	Н	Ѕ	Д	К	Р	М	С	Ф
Ј	А	Г	Л	Е	Х	И	Д	Р	А	Т	И	О	Л
Ф	Е	Р	М	Е	Н	Т	А	Ц	И	Ј	А	С	Г

АПЕТИТ
ИЗБАЛАНСИРАН
ГОРЧЛИВ
КАЛОРИИ
ЈАГЛЕХИДРАТИ
ДИЕТА
ВАРЕЊЕ
ЈАДЕЊЕ
ФЕРМЕНТАЦИЈА
ВКУС
НАВИКИ
ЗДРАВЈЕ
ЗДРАВО
ТЕЧНОСТИ
ПРОТЕИНИ
КВАЛИТЕТ
СОС
ТОКСИН
ВИТАМИН
ТЕЖИНА

66 - Hiking

Л	С	Д	Ж	С	К	А	М	Е	Ња	А	П	Ц	Д
Ж	У	И	Ѕ	Ф	А	Д	О	В	Х	Ј	Р	Њ	Ѕ
К	Ѕ	В	Ш	Е	Ј	М	Л	М	Ј	П	И	Л	Е
Ј	А	И	Ф	В	Ш	К	И	В	О	К	Р	А	П
Њ	В	Р	И	М	З	И	Ч	Т	М	К	О	Ј	И
Е	О	В	П	Т	Ш	В	Е	А	А	Л	Д	И	Х
Њ	Д	Т	П	А	С	П	Ѕ	Ш	П	И	А	Ц	У
А	И	Ч	Ј	Т	С	О	П	О	А	М	Т	А	М
В	Ч	Т	Б	Ж	А	Ц	Н	У	К	А	А	Т	О
У	И	Н	Т	О	В	И	Ж	С	Д	Ѕ	Ј	Н	Р
П	О	Д	Г	О	Т	О	В	К	А	И	Д	Е	Н
М	С	О	Н	Ц	Е	Р	В	П	Ц	П	Д	И	И
А	Н	И	Н	А	Л	П	Ш	Т	О	Р	О	Р	Ѕ
К	Ф	Т	Е	Ш	К	И	П	Њ	О	М	К	О	Л

ЖИВОТНИ
ЧИЗМИ
КАМПУВАЊЕ
КАРПА
КЛИМА
ВОДИЧИ
ОПАСНОСТИ
ТЕШКИ
МАПА
ПЛАНИНА
ПРИРОДАТА
ОРИЕНТАЦИЈА
ПАРКОВИ
ПОДГОТОВКА
КАМЕЊА
САМИТ
СОНЦЕ
УМОРНИ
ВОДА
ДИВИ

67 - Professions #1

Б	А	Д	В	О	К	А	Т	Ф	S	Х	Л	Л	К
М	А	Ј	И	Џ	Д	О	В	О	Д	О	В	О	А
О	Д	Н	А	У	Г	К	Ж	Р	Ј	Ш	Х	В	Р
Р	О	Г	К	П	С	И	Х	О	Л	О	Г	Е	Т
Н	К	Е	Р	А	Л	Н	Љ	П	Р	Г	О	Ц	О
А	Т	О	Е	Н	Р	Д	Е	С	Ж	S	Ш	Ж	Г
Р	О	Л	Ч	Ц	А	Е	Ж	Л	К	Д	Х	Ј	Р
К	Р	О	Н	И	Ч	Р	Н	Ж	О	Г	Х	Г	А
Љ	Р	Г	А	Ј	И	У	Ж	Е	Т	А	П	С	Ф
В	Р	О	Т	П	З	А	С	Т	Р	О	Н	О	М
О	П	О	Ј	И	У	П	В	О	Д	Т	Х	О	Љ
К	Р	А	Х	А	М	З	Л	А	Т	А	Р	Ј	Ж
Ж	Ш	Ш	Ш	Д	Ч	П	И	Ј	А	Н	И	С	Т
П	О	Ж	А	Р	Н	И	К	А	Р	Л	А	М	У

АСТРОНОМ
АДВОКАТ
БАНКАР
КАРТОГРАФ
ТРЕНЕР
ТАНЧЕРКА
ДОКТОР
УРЕДНИК
ПОЖАРНИКАР
ГЕОЛОГ
ЛОВЕЦ
ЗЛАТАР
МУЗИЧАР
ПИЈАНИСТ
ВОДОВОДЏИЈА
ПСИХОЛОГ
МОРНАР
КРОЈАЧ

68 - Barbecues

Ј	М	Б	К	Д	Е	Ц	А	Д	И	С	Т	М	Д
Н	О	Ж	Е	В	И	Ч	Л	А	Р	Е	Ч	Е	В
П	К	Н	Ч	У	Т	О	Л	Л	Г	М	Ц	Ф	Ј
Р	Ш	О	У	Ц	А	Х	Ѕ	Г	И	Е	Т	К	Б
И	Е	Х	Р	К	М	И	Р	Т	Ј	Ј	И	Ѕ	Б
Ј	Л	Д	О	К	О	А	Р	А	К	С	Ж	Р	Н
А	И	Б	У	Е	Д	Н	А	Ч	Л	Т	Е	О	Г
Т	П	Т	Њ	М	Ш	А	К	Л	С	В	Ш	Ј	О
Е	Ш	Н	А	С	Љ	Р	Р	О	Е	О	К	Њ	В
Л	Ц	Ѕ	К	Л	Ф	Х	Б	Ѕ	Е	Т	О	Н	О
И	Ј	Ц	И	У	А	Е	П	Б	Д	Л	О	С	Ш
И	У	Ѕ	З	М	Њ	С	М	О	Г	Ј	Ч	О	Ј
К	Ц	М	У	З	Е	Л	Е	Н	Ч	У	К	С	Е
С	П	Њ	М	С	Б	О	Ч	А	Њ	Л	Њ	Ј	И

ПИЛЕШКО
ДЕЦА
ВЕЧЕРА
СЕМЕЈСТВО
ХРАНА
ПРИЈАТЕЛИ
ОВОШЈЕ
ИГРИ
СКАРА
ЖЕШКО
ГЛАД
НОЖЕВИ
РУЧЕК
МУЗИКА
САЛАТИ
СОЛ
СОС
ЛЕТО
ДОМАТИ
ЗЕЛЕНЧУК

69 - Chocolate

К	А	Л	О	Р	И	И	Г	О	Р	Ч	Л	И	В
Љ	Л	Т	А	А	К	В	А	Л	И	Т	Е	Т	А
Е	К	О	К	О	С	У	К	В	Н	С	Ц	Л	Н
З	Г	К	А	Р	А	М	Е	Л	Ш	Р	Ц	И	Т
Љ	А	З	К	Х	П	Р	Ж	Њ	Е	П	Ј	Л	И
И	К	Н	О	К	Т	А	Л	С	Ќ	Б	А	Ж	О
Н	Ј	Б	А	Т	В	С	Е	О	Е	В	Ч	М	К
В	О	Ф	Л	Е	И	А	М	О	Р	А	Г	Р	С
Т	Т	Е	У	Ж	Т	Ч	Ф	Љ	Ш	Р	Ф	Е	И
С	С	О	К	Ѕ	Е	Ч	Н	Њ	У	П	С	Ц	Д
Н	О	Ч	Л	Х	Н	Л	И	И	У	Б	В	Е	А
Ф	С	Л	Т	С	В	О	Б	С	Ј	Ј	Ј	П	Н
А	Ш	О	М	И	Л	Е	Н	А	К	Ф	Ј	Т	Т
В	К	У	С	Н	И	И	К	И	Р	И	К	И	К

АНТИОКСИДАНТ
АРОМА
ЗАНАЕТЧИСКИ
ГОРЧЛИВ
КАКАО
КАЛОРИИ
КАРАМЕЛ
КОКОС
ЖЕЛБА
ВКУСНИ
ЕГЗОТИЧНИ
ОМИЛЕН
СОСТОЈКА
КИКИРИКИ
ПРАВ
КВАЛИТЕТ
РЕЦЕПТ
ШЕЌЕР
СЛАТКО
ВКУС

70 - Vegetables

Ц	П	А	Т	Л	И	Џ	А	Н	А	Ѕ	Р	Т	С
Г	Е	Ѕ	Д	М	Ф	Л	Ш	Р	Р	Ш	Е	П	П
О	Р	Л	О	И	Ф	Р	А	К	Т	А	П	Ѓ	А
Ф	Л	А	Е	К	Љ	Ј	В	Ч	И	Л	К	У	Н
С	Н	Е	Ш	Р	С	Т	К	Ј	Ш	О	А	М	А
Т	А	Ф	Ц	О	Б	У	И	Њ	О	Т	Б	Б	Ќ
П	Г	Л	И	П	К	Ж	Т	С	К	А	Р	И	К
Р	М	Ф	А	М	О	Р	К	О	В	Л	О	Р	Р
Г	Н	Ф	Р	Т	О	Т	О	Н	Ј	У	К	П	О
Д	О	М	А	Т	А	И	Б	О	Е	К	У	Ј	М
Р	А	Д	И	Ш	Љ	Ш	Ш	Д	С	Т	Л	Н	И
П	Е	Ч	У	Р	К	И	Ѕ	Г	В	В	А	Ш	Д
Њ	Н	У	Ф	А	Ц	И	В	А	Т	С	А	Р	К
О	Х	Ж	Л	Б	Г	Ѕ	И	М	Ѕ	Г	Ч	Х	Д

АРТИШОК
БРОКУЛА
МОРКОВ
КАРФИОЛ
ЦЕЛЕР
КРАСТАВИЦА
ПАТЛИЏАН
ЛУК
ЃУМБИР
ПЕЧУРКИ
КРОМИД
МАГДОНОС
ГРАШОК
ТИКВА
РАДИШ
САЛАТА
ШАЛОТ
СПАНАЌ
ДОМАТ
РЕПКА

71 - The Media

О	Д	И	Ж	В	Р	А	Д	И	О	Х	Е	Е	Ф
О	И	Ф	В	Е	Р	Е	К	Л	А	М	И	В	И
Н	Г	Х	Љ	С	Х	Ц	Ј	Ј	А	В	Н	А	Н
Л	И	Ј	Б	Н	О	Г	Ц	Ч	Ж	Ж	А	Ј	А
А	Т	Д	С	И	Т	К	А	Ф	Е	Н	Д	И	Н
Ј	А	М	П	Ц	С	Г	Л	И	Р	Д	З	Р	С
Н	Л	К	И	И	Ч	Т	Н	Ф	М	А	И	Т	И
Њ	Е	Љ	К	С	Р	Д	А	Л	Ж	Ц	Љ	С	Р
Ч	Н	Ф	И	В	Л	Ш	С	В	П	И	Р	У	А
Ф	С	Ц	Л	Н	Т	Е	М	Ѕ	О	Љ	Ц	Д	Њ
О	Х	Д	С	Е	Т	И	Њ	Ш	К	В	Ц	Н	Е
Л	О	К	А	Л	Н	И	П	Е	Х	Т	И	И	Б
К	О	М	Е	Р	Ц	И	Ј	А	Л	Н	И	К	Л
И	Н	Т	Е	Л	Е	К	Т	У	А	Л	Н	А	О

РЕКЛАМИ
СТАВОВИ
КОМЕРЦИЈАЛНИ
ДИГИТАЛЕН
ИЗДАНИЕ
ФАКТИ
ФИНАНСИРАЊЕ
СЛИКИ
ИНДУСТРИЈА
ИНТЕЛЕКТУАЛНА
ЛОКАЛНИ
МРЕЖА
ВЕСНИЦИ
ОНЛАЈН
МИСЛЕЊЕ
ЈАВНА
РАДИО

72 - Boats

Ф	Ш	К	А	Љ	Л	Њ	У	Н	Х	Ц	Ј	П	Е
Р	А	Ц	И	Л	И	Р	Д	Е	Њ	Н	А	Л	Њ
С	М	Ф	Љ	Д	Г	Н	Ш	Ж	С	Ј	Х	И	М
П	А	Ф	М	Љ	М	Д	О	С	К	Б	Т	М	Ф
Л	Н	Т	О	Л	О	Б	Р	А	Ј	Р	А	А	П
А	Д	О	Р	Е	З	Е	Њ	Х	Н	А	Е	К	О
В	У	Ж	Е	С	И	Д	Р	О	Г	Н	Ж	А	Ц
Е	Р	Н	Х	Ј	Ш	Е	М	Њ	Ѕ	О	А	Ј	Н
В	А	А	А	Ф	О	К	А	О	Д	В	Ј	А	Р
Д	Х	Р	Љ	К	Ч	И	Н	Г	Т	И	Ч	К	Е
Р	Т	Р	Л	О	У	П	Д	К	Ј	О	Ц	Ж	К
И	К	Ч	И	Т	У	А	Н	М	И	Н	Р	П	А
Љ	Н	Х	Ј	И	Г	Ж	М	О	Р	Н	А	Р	Љ
Ф	Е	Р	И	Б	О	Т	Е	Е	Н	Л	П	Ѕ	Х

СИДРО
ШАМАНДУРА
КАНУ
ЕКИПАЖ
МОТОР
ФЕРИБОТ
КАЈАК
ЕЗЕРО
ЈАРБОЛОТ
НАУТИЧКИ
ОКЕАН
СПЛАВ
РЕКА
ЈАЖЕ
ЕДРИЛИЦА
МОРНАР
МОРЕ
ПЛИМА
БРАНОВИ
ЈАХТА

73 - Activities and Leisure

Х	О	Е	Њ	А	К	Р	У	Н	Љ	Т	Г	Р	П
Л	О	Ш	Д	Е	Њ	А	Ф	Р	У	С	О	И	А
Њ	К	В	У	П	Ч	Ф	М	Х	О	Е	Л	Б	Т
Т	А	В	Т	Ш	П	Н	Ш	П	Р	Њ	Ф	О	У
С	Л	П	А	С	Ј	Ф	О	Ш	У	А	Ѕ	Л	В
О	Л	Ј	К	Ф	Р	Ж	П	Е	Ц	В	У	О	А
Н	Т	И	К	Р	Т	А	И	И	Ш	И	А	В	Њ
Т	Е	Ж	К	Њ	Л	С	Н	К	С	Л	Н	Њ	Е
Е	Н	Б	Б	А	Ч	Ц	Г	И	Н	П	Д	Е	Е
М	И	Д	Г	Ш	Њ	Ј	О	Ж	Д	Љ	С	Ј	А
У	С	Д	Г	Ѕ	С	Е	Њ	Е	Ч	А	Ш	Е	П
К	О	Ш	А	Р	К	А	Б	Е	С	С	Р	Е	Т
Б	Е	Ј	З	Б	О	Л	Х	О	Б	И	С	Г	О
С	Ш	Ж	Њ	П	Б	Ф	У	Д	Б	А	Л	И	Њ

УМЕТНОСТ
БЕЈЗБОЛ
КОШАРКА
БОКС
КАМПУВАЊЕ
НУРКАЊЕ
РИБОЛОВ
ГРАДИНАРСТВО
ГОЛФ
ПЕШАЧЕЊЕ
ХОБИ
СЛИКАЊЕ
ТРКИ
ШОПИНГ
ФУДБАЛ
СУРФАЊЕ
ПЛИВАЊЕ
ТЕНИС
ПАТУВАЊЕ

74 - Driving

П	Х	Г	Е	К	Њ	В	Г	Ј	У	Е	Г	Н	К
О	Ј	А	Ќ	А	Р	Б	О	О	С	Г	О	Е	О
Л	Њ	Р	О	Ш	В	Ш	Њ	З	Х	Ч	Р	С	Ч
И	Б	А	Ж	Е	И	Т	Ј	П	А	К	И	Р	Н
Ц	Е	Ж	Е	П	К	А	О	Ч	Н	Ч	В	Е	И
И	З	А	М	Ч	П	П	Л	М	Д	Ц	О	Ќ	Ц
Ј	Б	О	С	Т	У	Н	Е	Л	О	Б	К	А	И
А	Е	О	П	М	А	Н	И	З	Р	Б	И	Ч	М
Т	Д	И	Е	А	Ц	Н	Е	Ц	И	Л	И	Љ	А
А	Н	П	Р	Ф	С	Х	Ж	Д	Х	Ц	Ш	Л	П
Ч	О	Ј	Н	Ј	А	Н	О	И	М	А	К	С	А
Р	С	М	Т	О	Г	И	О	Ж	Е	Ч	Ј	Т	И
Д	Т	Г	Н	Ц	Л	И	А	С	М	О	Т	О	Р
М	Њ	Ш	Ѕ	Л	К	И	Ц	О	Т	О	М	О	Ж

НЕСРЕЌА
КОЧНИЦИ
АВТОМОБИЛ
ОПАСНОСТ
ВОЗАЧ
ГОРИВО
ГАРАЖА
ГАС
ЛИЦЕНЦА
МАПА
МОТОР
МОТОЦИКЛ
ПЕШАК
ПОЛИЦИЈАТА
ПАТ
БЕЗБЕДНОСТ
БРЗИНА
СООБРАЌАЈ
КАМИОН
ТУНЕЛ

75 - Professions #2

Н	Ш	П	Ш	Ф	К	И	Н	В	А	Т	С	А	Н
Ф	О	Т	О	Г	Р	А	Ф	Б	Ф	Ф	Т	Д	Л
Г	Р	А	Д	И	Н	А	Р	И	А	И	О	Н	И
К	Е	Т	О	Л	И	П	С	О	Р	Л	М	Л	Н
С	В	У	А	Ц	Ч	З	К	Л	М	О	А	Е	Г
Ч	И	А	К	Б	А	О	О	О	Е	З	Т	К	В
Т	Т	Н	Ј	И	Ѓ	О	Х	Г	Р	О	О	А	И
Н	К	О	Ж	Е	О	Л	Т	И	О	Ф	Л	Р	С
О	Е	Р	В	Е	А	О	О	Ж	Р	Б	О	А	Т
В	Т	Т	Р	К	Н	Г	И	А	А	У	Г	Л	Л
И	Е	С	Х	Р	О	Е	Ч	Ф	К	Ч	Р	К	Б
Н	Д	А	М	Б	Р	Ѕ	Р	Њ	И	И	Ѕ	Г	Ж
А	Н	М	Т	К	П	Д	Н	Ч	Л	Л	И	Ц	Л
Р	Ј	Г	Р	О	Т	А	Р	Т	С	У	Л	И	А

АСТРОНАУТ
БИОЛОГ
СТОМАТОЛОГ
ДЕТЕКТИВ
ИНЖЕНЕР
ФАРМЕР
ГРАДИНАР
ИЛУСТРАТОР
ПРОНАОЃАЧ
НОВИНАР
ЛИНГВИСТ
СЛИКАР
ФИЛОЗОФ
ФОТОГРАФ
ЛЕКАР
ПИЛОТ
ХИРУРГ
НАСТАВНИК
ЗООЛОГ

76 - Mythology

К	О	В	Т	С	Е	Т	Ш	У	С	Љ	Ф	У	Б
Ц	У	Л	Ж	Е	Т	Ш	И	В	О	Д	У	Ч	О
Ј	У	Л	В	Ј	Х	А	И	У	З	А	О	Б	Ж
О	П	И	Т	Е	Х	Р	А	К	Д	Ф	Д	Е	Е
Р	Д	Ш	Х	У	Л	Т	Х	П	А	Ј	Н	С	С
Е	В	М	Ѕ	Њ	Р	Ф	О	П	В	О	Е	М	Т
Х	О	А	А	Т	Ш	А	Б	С	А	М	С	Р	В
В	И	С	А	З	Ш	Р	Д	В	Њ	О	У	Т	А
С	Н	А	Р	А	Д	Н	Е	Г	Е	Л	В	Н	С
А	Ф	О	Р	Т	С	А	Т	А	К	Њ	А	О	М
В	Е	Р	У	В	А	Њ	А	Г	А	А	Њ	С	Р
Љ	У	Б	О	М	О	Р	А	Р	Ж	Е	Е	Т	Т
Н	Е	Б	О	Т	О	Њ	Д	О	О	Ж	Б	К	Е
Л	А	В	И	Р	И	Н	Т	М	С	Њ	Л	А	Н

АРХЕТИП
ОДНЕСУВАЊЕ
ВЕРУВАЊА
СОЗДАВАЊЕ
СУШТЕСТВО
КУЛТУРА
БОЖЕСТВА
КАТАСТРОФА
НЕБОТО
ХЕРОЈ

БЕСМРТНОСТ
ЉУБОМОРА
ЛАВИРИНТ
ЛЕГЕНДА
МОЛЊА
ЧУДОВИШТЕ
СМРТЕН
ОДМАЗДА
ГРОМ
ВОИН

77 - Hair Types

S	С	Р	А	И	У	Њ	Ц	О	К	Х	С	П	К
Д	У	У	П	И	Љ	Е	S	Б	Б	В	Ј	П	Б
Е	Д	Г	Ј	И	Ф	Х	Ц	О	Н	К	А	Е	М
М	Е	К	А	С	У	Р	У	Е	Ф	И	Ј	Љ	Г
Ј	У	О	В	А	Л	Е	Ќ	Н	Д	Ц	Н	Х	Г
Б	Г	Н	И	Н	З	А	М	И	Ф	О	А	Ж	Б
Њ	S	Е	С	Г	Р	В	К	Ф	Љ	Н	Л	Љ	Ц
Е	Ш	Т	С	У	В	А	Г	Р	У	Р	Е	Г	О
С	Д	А	Ј	Х	Г	Е	Љ	К	А	Ц	Б	S	О
Р	М	Е	Ј	Р	М	Ф	Ч	Ч	Ј	Т	Ш	Ј	И
Е	S	Љ	Б	А	В	А	Р	Д	А	К	К	О	О
Б	Њ	Б	Ц	Е	Ц	К	Г	У	Њ	С	Д	О	Н
Р	S	У	В	Ц	Л	П	Л	Е	Т	Е	Н	К	А
О	В	А	Р	Д	З	И	К	Н	Е	Т	Е	Л	П

ЌЕЛАВ
ЦРНО
РУСА
ПЛЕТЕНКА
ПЛЕТЕНКИ
КАФЕАВА
ОБОЕНИ
КАДРАВА
СУВА
СИВА
ЗДРАВО
ДОЛГО
СЈАЈНА
КРАТКО
СРЕБРО
МАЗНИ
МЕКА
ДЕБЕЛИ
ТЕНОК
БЕЛА

78 - Garden

К	Ж	Ф	Ч	Т	Т	Г	Р	А	Д	И	Н	А	Г
Б	А	Т	Т	С	Р	Т	Л	Е	Т	Л	Н	П	Р
Р	К	Р	Н	Љ	Е	А	Ж	О	Л	М	К	У	Е
А	Д	Б	П	О	В	Е	Р	Ц	П	Т	Ј	Л	Б
Н	Д	О	Г	И	Н	Т	М	Н	А	А	У	К	Л
У	Р	В	Т	Ј	И	В	Е	Л	И	П	Т	Д	О
В	В	О	Е	Е	К	Љ	Е	Ј	Ц	Г	Ш	А	Б
А	О	Ш	В	И	Ц	О	Г	Р	А	Д	А	В	У
А	Т	Т	Ц	Ж	Љ	Р	У	А	С	Т	В	Ч	Ш
А	Ж	А	Р	А	Г	А	Е	Ч	А	Р	Е	О	Ч
Ф	У	Р	П	Х	У	К	Т	З	Р	Е	Р	П	Ж
М	Ш	Н	Љ	Е	А	Ј	К	К	Е	М	Т	Т	С
Љ	О	И	Б	Њ	Њ	У	В	Р	Т	О	Н	И	Ш
В	Т	К	Ј	Х	П	Е	Ф	Д	Р	Т	У	Г	Х

КЛУПА
БУШ
ОГРАДА
ЦВЕТ
ГАРАЖА
ГРАДИНА
ТРЕВА
ЦРЕВО
ТРЕВНИК
ОВОШТАРНИК

ЕЗЕРЦЕТО
ТРЕМОТ
ГРЕБЛО
КАРПИ
ЛОПАТА
ПОЧВА
ТЕРАСА
БРАНУВАА
ДРВО
ПИЛЕВИ

79 - Diplomacy

И	Р	А	Н	Р	А	Т	И	Н	А	М	У	Х	А
С	Н	Д	О	Г	О	В	О	Р	Ј	В	К	П	М
Х	О	Т	Г	Р	А	Ѓ	А	Н	И	Н	О	Р	Б
Р	К	Р	Е	Р	Ц	Ф	К	Е	С	И	Н	А	А
Ш	Е	Ж	А	Г	Б	В	Н	Т	У	К	Ф	В	С
Г	И	З	Т	Б	Р	Д	О	И	К	С	Л	Д	А
Њ	Н	Т	О	Б	О	И	Г	К	С	Т	И	А	Д
Н	Е	Н	А	Л	Ч	Т	Т	А	И	А	К	Ш	О
Ф	Ш	М	Х	Г	У	В	К	Е	Д	М	Т	Ф	Р
Ф	Е	Ј	Н	С	М	Ц	Д	А	Т	О	Ж	Ѕ	Х
Г	Р	Ш	Ц	Љ	А	К	И	Т	И	Л	О	П	Ш
З	А	Е	Д	Н	И	Ц	А	Ј	И	П	Р	Х	Д
Г	Р	А	Ѓ	А	Н	С	К	И	А	И	Ш	Д	Т
А	Д	А	С	А	Б	М	А	Т	А	Д	А	Л	В

АМБАСАДОР
ГРАЃАНИ
ГРАЃАНСКИ
ЗАЕДНИЦА
КОНФЛИКТ
СОРАБОТКА
ДИПЛОМАТСКИ
ДИСКУСИЈА
АМБАСАДА
ЕТИКА
ВЛАДАТА
ХУМАНИТАРНА
ИНТЕГРИТЕТ
ПРАВДА
ПОЛИТИКА
РЕЗОЛУЦИЈА
РЕШЕНИЕ
ДОГОВОР

80 - Countries #1

Ц	Б	Ш	П	О	Л	С	К	А	И	Ш	Њ	Љ	Е
Њ	Њ	П	В	И	Е	Т	Н	А	М	Р	Е	Њ	Г
Д	А	А	Н	О	Р	В	Е	Ш	К	А	А	С	И
Б	В	Н	Т	К	В	Ц	Љ	Њ	Е	Л	Ј	К	П
Љ	Г	И	Г	О	Л	Д	О	С	Н	Е	И	Ц	Е
Б	А	Ј	А	Р	К	Л	Ц	У	П	У	В	С	Т
Р	Р	А	М	А	Н	А	П	Е	Н	Ц	Т	Е	Ф
О	А	А	Т	М	Б	Њ	М	Ѕ	В	Е	А	Ѕ	И
М	К	Ј	З	К	А	Н	А	Д	А	Н	Л	Л	Н
А	И	И	Ј	И	К	Ј	Б	Д	Љ	Е	Ч	И	С
Н	Н	Л	И	А	Л	Ѕ	Ж	Њ	Ф	В	П	Б	К
И	Њ	А	Ј	И	Н	А	М	Р	Е	Г	О	И	А
Ј	У	Т	С	Е	Н	Е	Г	А	Л	Њ	У	Ј	Ф
А	Ж	И	И	З	Р	А	Е	Л	М	Љ	М	А	Л

БРАЗИЛ
КАНАДА
ЕГИПЕТ
ФИНСКА
ГЕРМАНИЈА
ИРАК
ИЗРАЕЛ
ИТАЛИЈА
ЛАТВИЈА
ЛИБИЈА
МАРОКО
НИКАРАГВА
НОРВЕШКА
ПАНАМА
ПОЛСКА
РОМАНИЈА
СЕНЕГАЛ
ШПАНИЈА
ВЕНЕЦУЕЛА
ВИЕТНАМ

81 - Adjectives #1

У	Т	Т	А	Н	Р	Е	Д	О	М	Ѕ	О	У	Д
В	Е	Е	М	В	В	Р	Е	Д	Н	И	М	М	С
Ж	Ш	Н	Б	Д	А	Р	Е	Ж	Л	И	В	Е	Р
Е	К	О	И	Т	Ц	Б	Х	Ј	Л	К	Ш	Т	Е
Г	И	К	Ц	Т	Ч	Ц	У	Г	Г	Ш	И	Н	Ќ
З	Л	Ш	И	С	Е	Р	И	О	З	Н	И	И	Е
О	Н	Б	О	Д	И	Ј	К	Т	Ж	П	П	Ч	Н
Т	О	Н	З	Ц	Г	Љ	О	Н	М	Е	Т	К	Т
И	Њ	О	Н	В	А	Б	Р	Л	Ј	У	Њ	И	К
Ч	Ш	О	И	И	Н	Ч	И	Т	А	М	О	Р	А
Н	Е	Р	К	С	И	Е	С	Њ	В	Б	А	Н	Д
И	Л	Н	Ј	О	К	И	Н	Е	В	И	Ѕ	Г	Ц
Е	У	Ф	В	Е	Ф	Е	И	В	А	Ж	Н	О	Н
А	Љ	И	Д	Е	Н	Т	И	Ч	Н	И	Ч	В	Д

АМБИЦИОЗНИ
АРОМАТИЧНИ
УМЕТНИЧКИ
УБАВА
ТЕМНО
ЕГЗОТИЧНИ
ДАРЕЖЛИВ
СРЕЌЕН
ТЕШКИ
КОРИСНИ
ИСКРЕН
ИДЕНТИЧНИ
ВАЖНО
МОДЕРНА
СЕРИОЗНИ
БАВНО
ТЕНОК
ВРЕДНИ

82 - Technology

С	Е	Д	А	Т	О	Т	Е	К	А	Б	Ј	А	У
О	Њ	П	Л	О	Р	О	Р	П	Д	Н	Л	У	Њ
Ф	А	Т	М	Т	Н	Ц	Ј	Њ	О	А	Б	О	Ј
Т	В	С	М	Ш	У	В	М	С	У	Р	И	В	Г
В	У	О	Н	Њ	Е	О	К	С	И	К	А	Ф	Ц
Е	Ж	Н	Д	И	Г	И	Т	А	Л	Е	Н	К	В
Р	А	Д	Ф	В	И	Р	Т	У	А	Л	Н	О	А
П	Р	Е	Л	И	С	Т	У	В	А	Ч	И	Р	Р
О	Т	Б	Љ	Б	Т	Б	Ј	М	Љ	Ч	У	Ј	Е
А	С	З	Ф	О	Н	Т	А	Т	С	Б	Д	Н	М
В	И	Е	Т	Р	Е	Т	У	Ј	П	М	О	К	А
Л	Н	Б	А	К	И	Т	С	И	Т	А	Т	С	К
П	О	Д	А	Т	О	Ц	И	К	У	И	Ф	К	Ѕ
Е	Њ	О	П	Р	О	К	Л	Е	Т	С	Т	В	О

БЛОГ
ПРЕЛИСТУВАЧ
БАЈТИ
КАМЕРА
КОМПЈУТЕР
ПРОКЛЕТСТВО
ПОДАТОЦИ
ДИГИТАЛЕН
ДАТОТЕКА
ФОНТ
ПОРАКА
ИСТРАЖУВАЊЕ
ЕКРАН
БЕЗБЕДНОСТ
СОФТВЕР
СТАТИСТИКА
ВИРТУАЛНО
ВИРУС

83 - Landscapes

В	О	П	О	Р	Е	З	Е	Л	Е	Ж	Т	Р	М
О	С	У	А	И	И	Л	П	Р	Ф	А	Е	Д	О
Д	Т	С	З	Д	У	Ѕ	А	У	Ш	Х	Р	О	Ч
О	Р	Т	А	О	Л	Ѕ	Ц	Ѕ	М	К	Љ	Ж	У
П	О	И	Д	О	Л	И	Н	А	У	Г	Ч	Е	Р
А	В	Н	А	К	Л	У	В	Г	В	Х	С	Б	И
Д	О	А	Р	Е	Т	Ш	Е	П	Е	Р	О	М	Ш
Г	Т	Ш	Ж	Т	У	Н	Д	Р	А	Ј	Н	Т	Т
В	О	Р	Т	С	О	У	Л	О	П	А	З	Р	Е
Ц	С	К	В	Ж	Ѕ	О	П	Л	А	Ж	А	Е	Л
П	Њ	С	Е	Р	А	С	Е	Б	Е	Р	Г	Ч	Р
Р	Е	К	А	А	Н	И	Н	А	Л	П	П	Е	Ф
Ж	Б	Р	Ф	Ц	Н	Њ	Б	Е	У	Ш	Н	Л	О
Т	Ч	Ф	К	В	Б	А	И	Л	Е	С	Ф	Г	У

ПЛАЖА
ПЕШТЕРА
ПУСТИНА
ГЕЈЗЕР
ГЛЕЧЕР
РИД
АСЕБЕРГ
ОСТРОВОТ
ЕЗЕРО
ПЛАНИНА
ОАЗА
ОКЕАН
ПОЛУОСТРОВ
РЕКА
МОРЕ
МОЧУРИШТЕ
ТУНДРА
ДОЛИНА
ВУЛКАН
ВОДОПАД

84 - Visual Arts

Д	П	А	С	К	У	Л	П	Т	У	Р	А	П	С
А	Ј	И	Ф	А	Р	Г	О	Т	О	Ф	К	А	О
В	О	С	О	К	И	Р	Л	С	Ш	Ј	И	В	С
М	Ч	Љ	Њ	Р	Д	Ц	Ф	О	Д	А	М	И	Т
Л	А	К	К	Р	Г	Г	Р	Н	У	Г	А	Т	А
П	Е	Н	К	А	Л	О	Ф	В	И	Л	Р	К	В
Б	Ј	Д	Т	Д	Ф	Ж	И	И	У	Е	Е	Е	Ј
Ј	Е	Х	Р	С	Ч	Д	Л	Т	М	Н	К	П	Е
Ц	А	Љ	У	Е	К	Л	М	А	Е	В	Ј	С	Ц
Ф	Д	Љ	А	Р	У	Т	К	Е	Т	И	Х	Р	А
Т	Е	Р	Т	Р	О	П	Њ	Р	Н	Л	Г	Е	В
Т	Р	И	Н	О	Ж	Н	И	К	И	О	С	П	У
Н	К	Ѕ	Х	Г	Л	И	Н	А	К	М	Ј	М	Ф
Ц	А	Р	Е	М	Е	К	Д	Е	Л	О	Р	Х	И

АРХИТЕКТУРА
УМЕТНИК
КЕРАМИКА
КРЕДА
ЈАГЛЕН
ГЛИНА
СОСТАВ
КРЕАТИВНОСТ
ТРИНОЖНИК
ФИЛМ
РЕМЕК-ДЕЛО
ПЕНКАЛО
МОЛИВ
ПЕРСПЕКТИВА
ФОТОГРАФИЈА
ПОРТРЕТ
СКУЛПТУРА
ЛАК
ВОСОК

85 - Plants

Р	С	У	Б	М	А	Б	У	Е	Љ	Ѕ	Њ	Љ	П
Ш	У	Н	Ж	Р	А	Н	И	Д	А	Р	Г	Г	Ф
Ѕ	Т	Ш	Е	К	М	Т	Ѕ	С	Ѕ	Д	Ј	Р	Х
Ф	К	К	Ж	Њ	У	М	И	Ж	О	Ц	Б	А	Љ
Р	А	А	Х	Н	Ш	Т	М	Ч	У	Ч	Р	В	А
П	К	Р	Ј	Ј	У	Р	Ч	Г	Н	Е	Р	О	К
Е	Ш	О	Д	В	Б	Е	Њ	Т	У	И	Љ	Л	И
Т	Ц	Л	Ц	О	И	В	Д	Е	Ж	Р	К	И	Н
А	Д	Ф	Р	В	Р	А	Л	Х	Т	А	Л	Н	А
Р	Њ	Р	Г	Р	Е	П	Б	М	И	Р	В	Е	Т
Г	Н	М	Ч	Д	Б	Т	Н	Ж	И	И	В	Л	О
Г	Ј	О	Ѓ	У	Б	Р	И	В	О	А	У	Е	Б
П	Б	В	К	Г	Њ	Њ	В	Ш	Д	Ц	Д	З	Р
В	П	В	Е	Г	Е	Т	А	Ц	И	Ј	А	В	К

БАМБУС
ГРАВ
БЕРИ
БОТАНИКА
БУШ
КАКТУС
ЃУБРИВО
ФЛОРА
ЦВЕТ
ЗЕЛЕНИЛО
ШУМА
ГРАДИНА
ТРЕВА
АЈВИ
МОВ
ПЕТАР
КОРЕН
МАТИЧНИ
ДРВО
ВЕГЕТАЦИЈА

86 - Boxing

Р	Ф	Ч	Ж	Т	С	П	В	Б	Ш	А	Љ	С	Х
А	О	А	Њ	У	О	Р	Ж	Е	Б	Р	З	О	Е
К	К	Р	Љ	Ш	И	О	П	Л	Ш	Н	Р	П	Е
А	У	Т	Д	М	Ч	Т	Т	С	Њ	Т	Љ	Т	Ј
В	С	Ј	Е	А	Ј	И	Д	У	С	Р	И	М	О
И	И	А	Њ	Л	И	В	Н	Ш	Л	Ч	Њ	Н	М
Ц	С	Ж	А	Е	О	Н	Ц	Е	Р	О	Б	Л	А
И	Ц	И	В	Б	Б	И	Љ	Ц	О	Б	Р	А	Ц
Ц	Р	Њ	У	Н	А	К	Р	Ш	С	П	А	К	И
Н	П	А	В	П	О	В	Р	Е	Д	И	Д	Т	Н
И	Е	Л	О	У	Д	А	Р	Ш	Л	Ж	А	О	А
Т	Н	И	Н	Ќ	О	Ш	Е	К	Д	Н	Т	Т	П
В	И	С	Б	Б	Л	Р	С	Њ	Њ	В	А	О	У
Ф	А	Ц	О	Л	В	Х	Ж	У	Ж	Т	Ч	Б	Т

БЕЛ
ТЕЛО
БРАДАТА
ЌОШЕ
ЛАКТОТ
ИСЦРПЕНИ
БОРЕЦ
ТУПАНИЦА
ФОКУС
РАКАВИЦИ
ПОВРЕДИ
УДАР
ПРОТИВНИК
ПОЕНИ
БРЗО
ОБНОВУВАЊЕ
СУДИЈА
ЈАЖИЊА
ВЕШТИНА
СИЛА

87 - Countries #2

Л	К	П	Е	С	Е	Т	И	О	П	И	Ј	А	У
Ј	А	В	Ф	О	Ц	П	Б	М	С	Е	Л	А	С
А	Ф	О	У	М	Е	Ч	П	И	И	Т	И	А	Х
П	Б	У	С	А	Љ	Х	И	К	Р	Ј	Е	Б	Њ
О	Ф	Ж	Њ	Л	Н	О	Н	А	И	П	Д	Ж	Е
Н	А	Т	С	И	К	А	П	Ч	Ј	Њ	Љ	Н	Г
И	Д	Г	А	Ј	Р	Ч	Г	К	А	И	О	Љ	Х
Ј	А	К	Ј	А	М	А	Ј	О	Ј	Д	С	Њ	Л
А	Н	Л	И	Б	А	Н	А	Д	У	С	С	У	Г
Т	С	А	Р	А	Д	К	Ј	В	Е	Ц	Н	Ј	Р
А	К	П	Е	Г	Н	А	Ч	Ф	Х	П	И	Њ	Ц
Ш	А	Е	Б	О	А	Ј	И	Р	Е	Г	И	Н	И
Е	Б	Н	И	А	Г	У	К	Р	А	И	Н	А	Ј
Ј	Р	В	Л	Ж	У	М	Е	К	С	И	К	О	А

ДАНСКА
ЕТИОПИЈА
ГРЦИЈА
ХАИТИ
ЈАМАЈКА
ЈАПОНИЈА
ЛАОС
ЛИБАН
ЛИБЕРИЈА
МЕКСИКО
НЕПАЛ
НИГЕРИЈА
ПАКИСТАН
РУСИЈА
СОМАЛИЈА
СУДАН
СИРИЈА
УГАНДА
УКРАИНА

88 - Ecology

В	Р	А	С	Т	Е	Н	И	Ј	А	Е	Ј	Л	Р
О	Е	М	Ф	А	Н	У	А	Ф	Л	О	Р	А	А
И	Д	Г	Л	Б	У	Б	Н	Ц	А	Н	И	Ш	З
В	И	Р	Е	Т	Н	О	Л	О	В	И	К	У	Н
С	И	Х	Ж	Т	Ј	П	Г	Љ	К	В	С	С	О
Е	Т	Ш	И	Л	А	Е	В	И	Ж	О	Р	Љ	В
П	З	Р	С	Г	И	Ц	Љ	У	С	Д	О	П	И
Р	А	А	Р	И	Л	В	И	К	Л	И	М	А	Д
И	Е	М	У	Ѕ	Ј	О	Ф	Ј	Н	В	Р	Х	Н
Р	Д	Д	С	С	Г	А	Б	Ј	А	Ж	В	С	О
О	Н	Ч	Е	И	К	О	Н	А	Т	С	П	О	С
Д	И	С	Р	Г	Г	Т	Љ	Љ	Л	Ѕ	Ј	Н	Т
Н	Ц	П	Л	А	Н	И	Н	И	Ј	Е	Р	Ш	Д
И	И	П	Р	И	Р	О	Д	А	Т	А	Н	П	Е

КЛИМА
ЗАЕДНИЦИ
РАЗНОВИДНОСТ
СУША
ФАУНА
ФЛОРА
ГЛОБАЛЕН
ЖИВЕАЛИШТЕ
МОРСКИ
МАРШ
ПЛАНИНИ
ПРИРОДНИ
ПРИРОДАТА
РАСТЕНИЈА
РЕСУРСИ
ВИДОВИ
ОПСТАНОК
ОДРЖЛИВ
ВЕГЕТАЦИЈА
ВОЛОНТЕРИ

89 - Adjectives #2

А	П	С	У	В	А	С	Ж	Ш	Ч	Р	Б	Ф	П
В	Р	Р	Н	Ш	У	М	О	Ф	Н	Ж	Ч	А	Р
Т	И	Н	С	И	П	О	И	Л	Л	Ц	Ф	S	О
Е	Р	Н	П	Ф	S	У	Н	Ж	Е	О	S	И	Д
Н	О	Н	О	О	И	Н	В	Б	О	Н	Б	Н	У
Т	Д	Е	Л	В	С	Х	И	Ж	Д	К	О	Т	К
И	Н	Т	Ж	Т	О	П	Т	В	Г	Ж	Љ	Е	Т
Ч	И	Н	Д	А	Л	Г	А	Ш	О	Ш	З	Р	И
Н	Д	А	У	Н	Н	Д	Е	Н	В	Ц	Д	Е	В
И	Р	Г	С	З	Ј	А	Р	С	О	Ж	Р	С	Н
Ф	О	Е	К	О	В	У	К	И	Р	Е	А	Н	И
S	Г	Л	У	П	Х	Д	Ж	Л	Е	Ш	В	О	М
И	Н	Е	Р	А	Д	А	Н	Н	Н	К	О	Ф	С
Б	Д	С	Д	И	В	И	Л	А	В	О	Ч	Е	Ж

АВТЕНТИЧНИ
КРЕАТИВНИ
ОПИСНИ
СУВА
ЕЛЕГАНТЕН
ПОЗНАТ
НАДАРЕНИ
ЗДРАВО
ЖЕШКО
ГЛАДНИ
ИНТЕРЕСНО
ПРИРОДНИ
НОВО
ПРОДУКТИВНИ
ГОРДИ
ОДГОВОРЕН
СОЛЕНО
ПОСПАН
СИЛНА
ДИВИ

90 - Psychology

Е	В	О	Ф	А	Ј	И	Ц	А	З	Н	Е	С	П
Њ	И	Д	М	Н	Д	Л	С	Х	Н	Љ	Ш	Њ	Р
А	К	Н	Е	Ц	О	Р	П	К	А	Д	Н	Ц	О
В	Ч	Е	Е	Њ	Л	Ц	Е	У	У	Д	Д	Л	Б
У	И	С	Ј	М	М	Ф	П	Ц	А	С	К	Ш	Л
Ж	Н	У	Ж	Ц	О	Ј	Л	Ш	Т	Т	Т	Х	Е
А	И	В	Л	Ч	Ч	Ц	Ч	М	Ш	К	С	В	М
К	Л	А	Л	И	Ј	М	И	Ж	И	Х	О	Ш	А
А	К	Њ	А	Ж	М	Б	Л	И	Н	С	Н	Ж	Е
З	Н	Е	Ц	Х	Х	С	Е	Г	О	П	Л	И	О
Л	И	Ч	Н	О	С	Т	Ј	Х	С	Н	А	И	Т
Р	Е	Б	К	О	Н	Ф	Л	И	К	Т	Е	Е	А
Д	Е	Т	С	Т	В	О	Ј	Ш	Г	Л	Р	Д	Т
П	О	Т	С	В	Е	С	Н	О	Р	Ѕ	Ѕ	И	Ж

ЗАКАЖУВАЊЕ
ПРОЦЕНКА
ОДНЕСУВАЊЕ
ДЕТСТВО
КЛИНИЧКИ
КОНФЛИКТ
СОНИШТА
ЕГО
ЕМОЦИИ
ИСКУСТВА
ИДЕИ
ЛИЧНОСТ
ПРОБЛЕМ
РЕАЛНОСТ
СЕНЗАЦИЈА
ПОТСВЕСНО
МИСЛИ

91 - Math

Р	И	Н	Л	А	М	И	Ц	Е	Д	Т	Ф	П	Д
М	А	В	Њ	Л	В	В	Ж	Ј	Р	Р	Р	Л	И
С	Ј	Д	Р	А	В	Е	Н	К	А	И	А	О	Ј
Ј	И	Ф	И	Ц	Л	О	О	А	Т	А	К	Ш	А
Ф	Р	Ж	Л	У	Е	Р	Г	Р	Е	Г	Ц	Т	М
П	Т	Р	Г	И	С	Б	И	И	М	О	И	А	Е
А	Е	П	А	П	К	Н	Л	Т	И	Л	Ј	Д	Т
Р	М	Е	П	М	Е	Н	О	М	Р	Н	А	Д	А
А	О	Б	Е	М	О	Т	П	Е	Е	И	Х	Љ	Р
Л	Е	А	К	Д	Ц	Е	У	Т	П	К	К	С	Е
Е	Г	П	Л	Ѕ	Љ	Д	И	И	Д	Ц	Ф	Ж	И
Л	В	О	Л	У	М	Е	Н	Ч	Љ	И	А	Ф	У
Н	Т	Н	Е	Н	О	П	С	К	Е	Љ	Ф	Ј	Т
О	А	Ј	И	Р	Т	Е	М	И	С	В	Љ	О	Ж

АГЛИ
АРИТМЕТИЧКИ
ОБЕМОТ
ДЕЦИМАЛНИ
ДИЈАМЕТАР
РАВЕНКА
ЕКСПОНЕНТ
ФРАКЦИЈА
ГЕОМЕТРИЈА
БРОЕВИ
ПАРАЛЕЛНО
ПЕРИМЕТАР
ПОЛИГОН
РАДИУС
ПЛОШТАД
СИМЕТРИЈА
ТРИАГОЛНИК
ВОЛУМЕН

92 - Activities

И	Ф	В	Е	Ш	Т	И	Н	А	П	К	Ч	Р	Г
С	Л	О	Ј	Ж	И	Ф	О	Ѕ	В	А	Љ	Е	Р
Е	Њ	А	Т	И	Ч	Г	Р	Т	Ј	М	Ч	Л	А
Р	Р	Р	Љ	О	Љ	Т	Р	А	Т	П	Б	А	Д
Е	Њ	Е	И	Ш	Г	К	Ѕ	И	С	У	Ж	К	И
Т	А	К	И	М	А	Р	Е	К	О	В	Е	С	Н
Н	Љ	А	Т	Ц	Л	К	А	Ш	Н	А	Е	А	А
И	О	Д	М	О	Р	О	Л	Ф	В	Њ	Њ	Ц	Р
З	А	Н	А	Е	Т	И	В	Е	И	Е	Е	И	С
П	И	У	М	Е	Т	Н	О	С	Т	Ј	Ч	Ј	Т
Ј	М	А	Г	И	Ј	А	Г	С	К	Г	А	А	В
О	В	Т	С	Л	О	В	О	Д	А	З	Ш	А	О
Т	А	Н	Ц	У	В	А	Њ	Е	Б	Ѕ	Е	С	В
Р	И	Б	О	Л	О	В	Р	С	О	Н	П	К	П

АКТИВНОСТ
УМЕТНОСТ
КАМПУВАЊЕ
КЕРАМИКА
ЗАНАЕТИ
ТАНЦУВАЊЕ
РИБОЛОВ
ИГРИ
ГРАДИНАРСТВО
ПЕШАЧЕЊЕ
ЛОВ
ИНТЕРЕСИ
ОДМОР
МАГИЈА
ФОТОГРАФИЈА
ЗАДОВОЛСТВО
ЧИТАЊЕ
РЕЛАКСАЦИЈА
ШИЕЊЕ
ВЕШТИНА

93 - Business

Б	Х	Р	Ф	Д	А	Н	О	Ц	И	Б	Ч	В	Р
И	Ј	Ц	В	А	Т	У	Л	А	В	У	Ц	Р	А
Ѕ	Ѕ	К	Ч	Ј	Б	Е	Х	Ѕ	Ш	Џ	Е	А	Б
У	Р	Е	Б	И	Ц	Р	Ч	Х	Ѕ	Е	Н	Б	О
М	Ж	И	Р	Р	Ч	Ш	И	Б	Г	Т	А	О	Т
С	Т	О	К	А	У	Љ	Њ	К	Г	Ц	Љ	Т	О
Т	Б	Ј	К	Л	М	И	И	А	А	Л	Г	Е	Д
Ш	Н	У	А	Е	П	О	П	У	С	Т	Т	Н	А
Ѕ	Д	Ф	Ѕ	Ц	П	Р	О	Д	А	Ж	Б	А	В
Р	Е	Џ	А	Н	Е	М	Р	Њ	О	Д	А	Њ	А
О	Њ	У	У	А	Р	Е	И	Р	А	К	Ц	Е	Ч
М	Н	Њ	У	К	Е	К	О	Н	О	М	И	Ј	А
П	А	Р	И	Д	О	Х	И	Р	П	Ж	Ч	Е	Е
Ч	П	Р	О	Д	А	В	Н	И	Ц	А	Х	С	С

БУЏЕТ
КАРИЕРА
ЦЕНА
ВАЛУТА
ПОПУСТ
ЕКОНОМИЈА
ВРАБОТЕН
РАБОТОДАВАЧ
ФАБРИКА
ПРИХОДИ
МЕНАЏЕР
СТОКА
ПАРИ
КАНЦЕЛАРИЈА
ПРОДАЖБА
ПРОДАВНИЦА
ДАНОЦИ

94 - The Company

Р	Б	И	З	Н	И	С	Б	К	И	Л	Х	О	И
Е	Њ	А	В	У	Т	О	Б	А	Р	В	Г	Д	Н
С	Е	Ч	Т	Р	Е	Н	Д	О	В	И	В	Л	О
У	Е	Д	И	Н	И	Ц	И	Д	М	Л	У	У	В
Р	Љ	П	П	S	Т	Е	Т	И	Л	А	В	К	А
С	И	К	О	Д	Е	Р	П	А	Н	Р	Л	А	Т
И	Д	О	Х	И	Р	П	И	О	Н	У	Љ	П	И
А	Ј	И	Ц	А	Т	Н	Е	З	Е	Р	П	Р	В
К	Р	Е	А	Т	И	В	Н	И	И	Љ	Р	О	Н
И	Н	Д	У	С	Т	Р	И	Ј	А	Ц	М	И	И
И	Н	В	Е	С	Т	И	Ц	И	И	В	И	З	Ж
Л	Њ	Б	Њ	М	О	Ж	Н	О	С	Т	Б	В	Е
Р	Е	П	У	Т	А	Ц	И	Ј	А	М	Ж	О	Љ
Ш	Л	Г	Л	О	Б	А	Л	Е	Н	Ф	В	Д	Д

БИЗНИС
КРЕАТИВНИ
ОДЛУКА
ВРАБОТУВАЊЕ
ГЛОБАЛЕН
ИНДУСТРИЈА
ИНОВАТИВНИ
ИНВЕСТИЦИИ
МОЖНОСТ
ПРЕЗЕНТАЦИЈА
ПРОИЗВОД
НАПРЕДОК
КВАЛИТЕТ
РЕПУТАЦИЈА
РЕСУРСИ
ПРИХОДИ
РИЗИЦИ
ТРЕНДОВИ
ЕДИНИЦИ

95 - Literature

А	М	И	Р	Ж	Б	С	Н	Л	М	Ц	Х	Ж	З
Ј	В	Љ	Ф	О	Б	Е	Т	Х	И	О	О	Љ	А
И	М	Т	Ц	П	И	Ф	Ш	И	Н	Ј	Ц	Ж	К
Ц	Е	Г	О	Л	А	Ј	И	Д	Л	Ч	Ч	Ч	Л
К	Т	Р	Р	Р	А	Н	А	Л	И	З	А	А	У
И	А	А	И	Т	М	Ѕ	Н	И	Ѕ	К	П	В	Ч
Ф	Ф	Н	Т	Л	Е	Ф	С	П	У	Ф	А	У	О
У	О	А	А	Н	Т	М	Е	Ш	Ч	Г	У	Ж	К
Ф	Р	Л	М	Т	С	Т	П	Ш	Р	О	М	А	Н
У	А	О	Т	Р	А	Г	Е	Д	И	Ј	А	К	К
Ф	Ѕ	Г	П	О	Е	Т	С	К	И	Ф	Ј	С	Г
А	Ј	И	Ф	А	Р	Г	О	И	Б	И	И	А	Њ
Ш	О	Ј	А	Б	Д	Е	Р	О	П	С	Е	Р	Р
Ф	Ј	А	Т	О	Д	Г	Е	Н	А	О	Г	У	Л

АНАЛОГИЈА
АНАЛИЗА
АНЕГДОТА
АВТОР
БИОГРАФИЈА
СПОРЕДБА
ЗАКЛУЧОК
ОПИС
ДИЈАЛОГ
ФИКЦИЈА
МЕТАФОРА
РАСКАЖУВАЧ
РОМАН
ПЕСНА
ПОЕТСКИ
РИМА
РИТАМ
СТИЛ
ТЕМА
ТРАГЕДИЈА

96 - Geography

Х	О	Ц	Ц	Б	К	М	Е	Ѕ	К	Т	Л	К	М
Р	Е	К	А	К	П	Н	Д	А	П	А	З	О	Е
Е	Р	М	Е	Х	П	Л	А	Н	И	Н	А	Н	Р
Г	О	Р	И	А	А	Х	Р	Ч	Ј	Е	Н	Т	И
И	М	Е	О	С	Н	П	Г	К	Г	Б	И	И	Д
О	О	К	Ш	А	Ф	Д	У	Ч	Е	К	С	Н	И
Н	С	А	Ц	Л	Ѕ	Е	Ј	Ц	М	К	И	Е	Ј
Е	Т	Љ	Д	Т	Ш	Е	Р	Д	О	Р	В	Н	А
Е	Р	С	К	А	П	А	М	А	А	Х	Е	Т	Н
Ш	О	У	Е	Ч	Г	П	Е	Ч	В	Р	Љ	Е	Б
Ј	В	О	Б	В	А	Т	К	З	Е	М	Ј	А	Р
К	О	В	У	К	Е	В	А	П	Ј	А	Х	Б	Б
Ц	Т	Е	В	С	Х	Р	О	Т	А	В	К	Е	Н
А	К	С	Т	Е	Р	И	Т	О	Р	И	Ј	А	Х

ВИСИНА
АТЛАС
ГРАД
КОНТИНЕНТ
ЗЕМЈА
ЕКВАТОР
ХЕМИСФЕРА
ОСТРОВОТ
МАПА
МЕРИДИЈАН
ПЛАНИНА
СЕВЕР
ОКЕАН
РЕГИОН
РЕКА
МОРЕ
ЈУГ
ТЕРИТОРИЈА
ЗАПАД
СВЕТ

97 - Pets

Л	К	А	Г	У	Л	А	Г	А	П	А	П	О	М
А	К	А	Ј	Л	В	Д	Н	У	У	С	Њ	Е	Ѕ
К	Д	Б	Т	А	У	О	П	У	Ш	Љ	Д	В	Р
Ч	У	Е	И	Ш	А	В	А	Р	К	Т	Ѕ	К	Љ
А	С	Ч	П	Ѕ	Б	Њ	Ч	А	К	Л	Е	Ж	Б
М	Ж	А	Е	А	И	Г	Ѕ	Е	Ч	У	К	Р	Њ
Ц	Т	М	Ш	Н	Р	С	Е	Т	Ш	К	О	З	А
О	К	К	Т	А	Ц	Р	Љ	О	Д	Р	К	М	К
Н	Л	У	Д	Р	В	Е	Е	К	Б	М	У	Н	Ш
У	Х	О	Ѕ	Х	И	Џ	Н	А	К	Ш	Ц	Ф	А
Ѕ	С	К	А	Ч	Х	Д	Д	Ј	Л	И	У	О	П
К	П	Њ	Н	Г	Х	Р	Ч	А	К	Н	Љ	Р	О
Љ	Ф	Ѕ	Љ	Ч	Х	С	П	З	П	Ф	Т	У	Љ
В	Е	Т	Е	Р	И	Н	А	Р	И	Ш	Н	А	С

МАЧКА
КАНЏИ
ЈАКА
КРАВА
КУЧЕ
РИБА
ХРАНА
КОЗА
ХРЧАК
МАЧЕ
ГУШТЕР
ГЛУВЧЕ
ПАПАГАЛ
ШЕПИ
КУЧЕНЦЕ
ЗАЈАКОТ
ОПАШКА
ЖЕЛКА
ВЕТЕРИНАР
ВОДА

98 - Jazz

И	Н	А	П	А	Т	О	Ц	С	О	О	Н	П	Л
К	М	Г	У	Р	А	Т	С	Е	К	Р	О	О	О
О	У	П	С	О	С	Т	А	В	Х	Н	В	З	М
М	Б	Т	Р	Е	Ц	Н	О	К	Г	Ј	О	Н	И
П	Л	Н	Г	О	У	М	Е	Т	Н	И	К	А	Л
О	А	Е	Ш	С	В	Ч	Х	Ѕ	К	Г	Д	Т	Е
З	П	Л	И	Т	С	И	Р	А	Т	С	Ѕ	М	Н
И	Е	А	А	Ѕ	Ц	К	З	У	А	Л	П	А	И
Т	С	Т	Н	Е	Ц	К	А	А	У	Ш	И	Т	Ј
О	Н	Т	Е	Х	Н	И	К	А	Ц	А	Е	И	А
Р	А	К	И	З	У	М	Ш	Т	Њ	И	С	Р	У
Н	Ч	Х	Е	М	У	Р	П	Ч	С	К	Ј	С	Х
И	Р	Ш	С	О	Ц	М	Ш	Н	О	Љ	О	А	К
Н	В	Ј	Љ	Г	Х	Р	Е	Ч	С	Ч	Н	Д	Л

АЛБУМ
АПЛАУЗ
УМЕТНИК
КОМПОЗИТОР
СОСТАВ
КОНЦЕРТ
ТАПАНИ
АКЦЕНТ
ПОЗНАТ
ОМИЛЕНИ

ИМПРОВИЗАЦИЈА
МУЗИКА
НОВО
СТАРИ
ОРКЕСТАР
РИТАМ
ПЕСНА
СТИЛ
ТАЛЕНТ
ТЕХНИКА

99 - Nature

Т	Д	У	Ф	З	С	Ч	Ј	Р	К	В	Г	Ч	Б
Р	И	Ф	Б	А	Е	Р	Ш	Е	А	М	У	Ш	Ж
О	Н	Н	Ж	А	Ж	Л	О	К	Р	Ј	Б	Д	Н
П	А	Ф	И	Г	В	Ж	Е	А	П	Ц	Д	М	Њ
С	М	Ж	В	Ц	Л	И	В	Н	И	Л	Е	Ч	П
К	И	Ш	О	Ж	У	Е	Н	К	И	Т	К	Р	А
И	Ч	С	Т	Ш	М	У	Ч	А	Ж	Л	В	Т	Ј
В	Е	П	Н	М	К	Ѕ	У	Е	О	М	О	Љ	Д
И	Н	У	И	А	Ј	И	З	О	Р	Е	Г	Д	Ш
Д	Е	С	Ф	Г	О	Б	Л	А	Ц	И	У	Ч	Р
Е	Р	Т	Ж	Л	С	П	О	К	О	Е	Н	Ч	Т
Е	И	И	Ш	А	Ч	О	Њ	И	Т	Т	Е	Н	Х
Ц	М	Н	С	В	Е	Т	И	Л	И	Ш	Т	Е	П
Г	Р	А	П	Л	А	Н	И	Н	И	Ж	И	Х	Р

ЖИВОТНИ
АРКТИК
УБАВИНА
ПЧЕЛИ
КАРПИ
ОБЛАЦИ
ПУСТИНА
ДИНАМИЧЕН
ЕРОЗИЈА
МАГЛА
ЗЕЛЕНИЛО
ШУМА
ГЛЕЧЕР
ПЛАНИНИ
МИРЕН
РЕКА
СВЕТИЛИШТЕ
СПОКОЕН
ТРОПСКИ
ДИВИ

100 - Vacation #2

С	Л	Р	М	В	С	Ш	Р	Ј	С	А	М	П	Е
Т	Њ	Е	Ч	М	Ш	Т	А	З	И	В	А	А	С
Р	Ж	У	Т	О	В	О	Р	Т	С	О	П	С	Ж
А	Х	Ф	Т	О	Љ	Р	Ш	Ф	О	П	А	О	Њ
Н	Х	Њ	Р	Ч	Х	Ц	Р	Д	Л	Р	Ц	Ш	П
Е	Е	Ж	О	К	А	М	П	У	В	А	Њ	Е	М
Ц	Њ	Ж	П	К	Ц	В	Р	Ф	О	Д	М	О	Р
Т	А	К	С	И	Н	И	Н	А	Л	П	М	Г	Л
М	В	Ж	Н	П	Р	А	З	Н	И	К	Х	Х	Љ
О	У	И	А	Ј	И	Ц	А	Н	И	Т	С	Е	Д
Р	Т	Ф	Р	Л	А	Е	Р	О	Д	Р	О	М	Т
Е	А	С	Т	Н	П	Т	Ѕ	Л	М	В	Ж	К	Љ
Ф	П	С	Т	Р	А	Н	С	К	И	О	О	Љ	Љ
Т	Ш	Н	Ч	У	Б	Р	Ф	П	Д	З	Њ	Д	У

АЕРОДРОМ
ПЛАЖА
КАМПУВАЊЕ
ДЕСТИНАЦИЈА
СТРАНСКИ
СТРАНЕЦ
ПРАЗНИК
ХОТЕЛ
ОСТРОВОТ
ПАТУВАЊЕ
ОДМОР
МАПА
ПЛАНИНИ
ПАСОШ
МОРЕ
ТАКСИ
ШАТОР
ВОЗ
ТРАНСПОРТ
ВИЗА

1 - Antiques

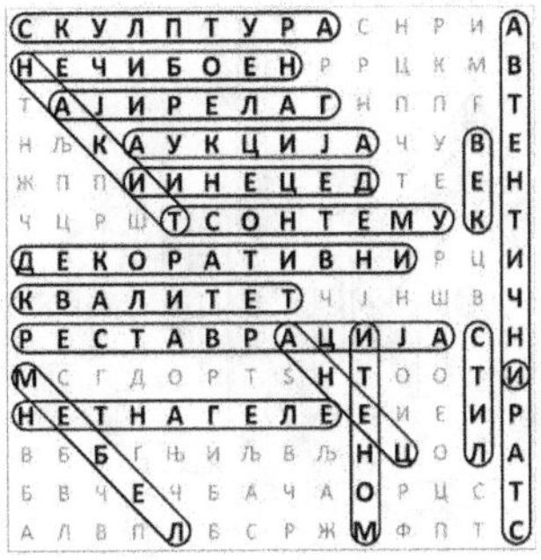

2 - Food #1

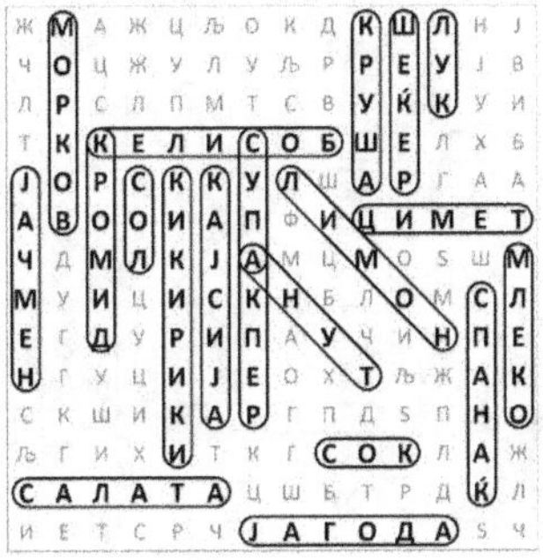

3 - Measurements

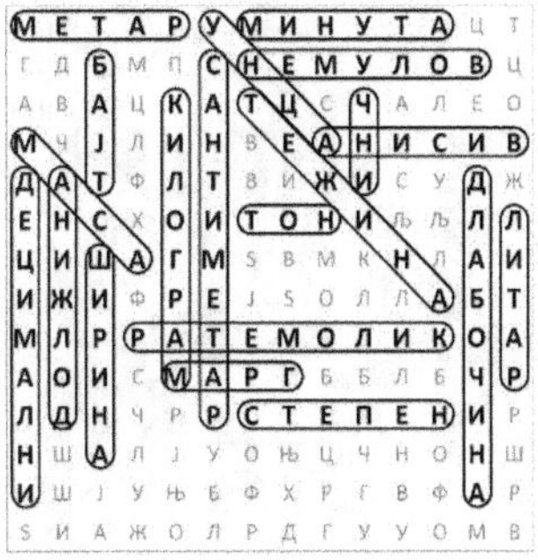

4 - Farm #2

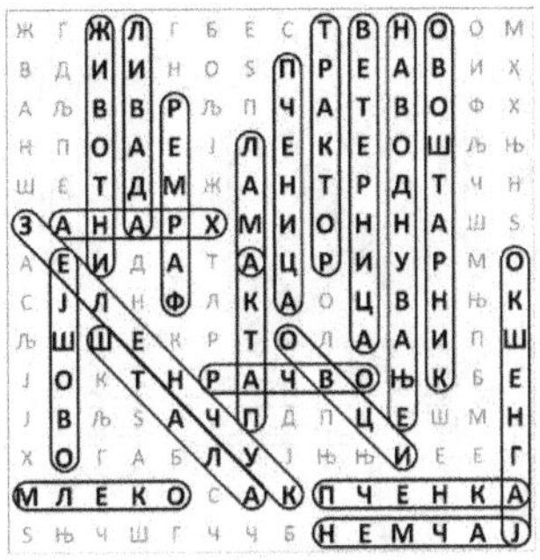

5 - Books

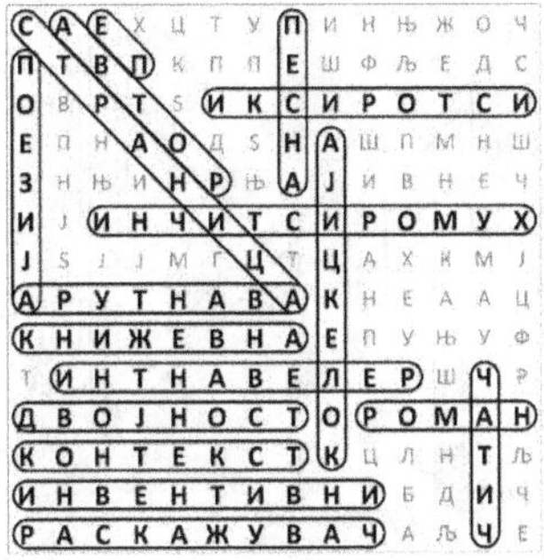

6 - Meditation

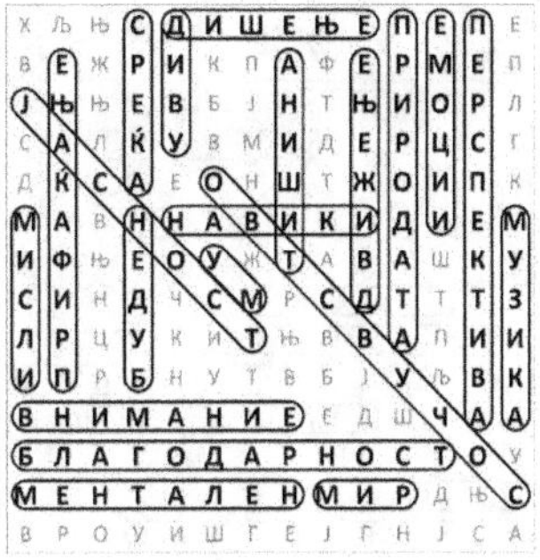

7 - Days and Months

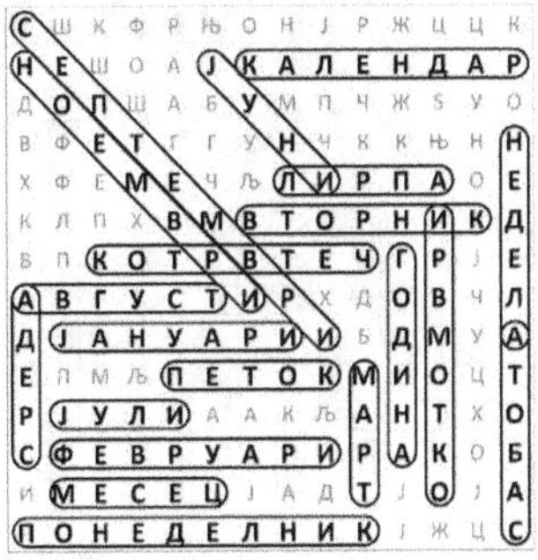

8 - Energy

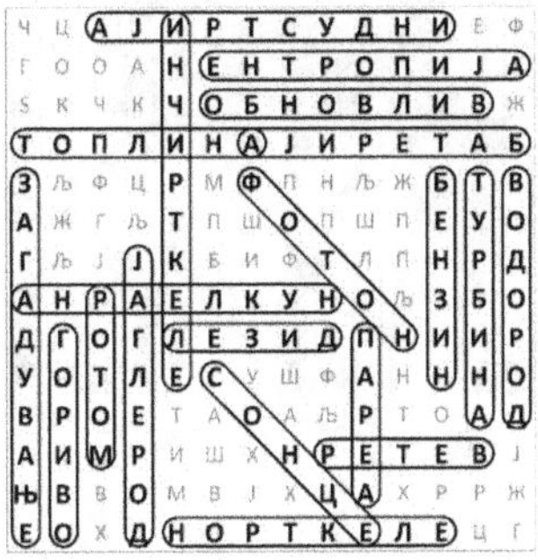

9 - Archeology

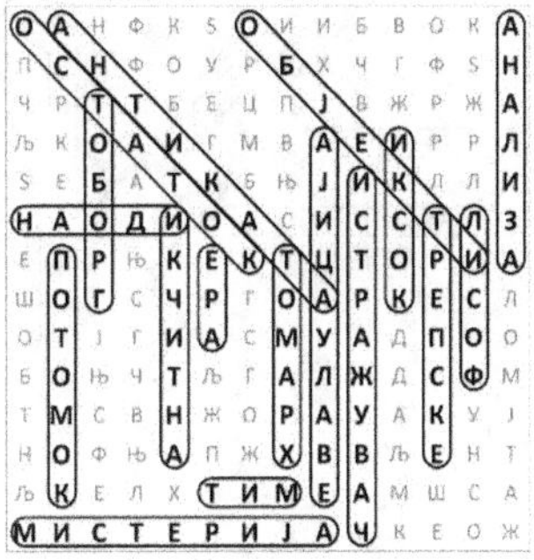

10 - Food #2

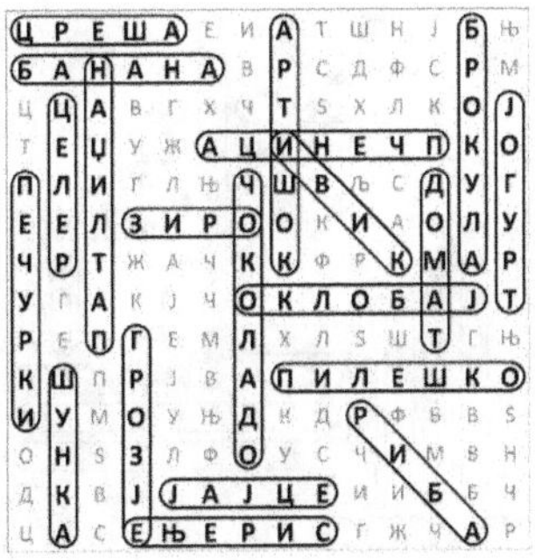

11 - Chemistry

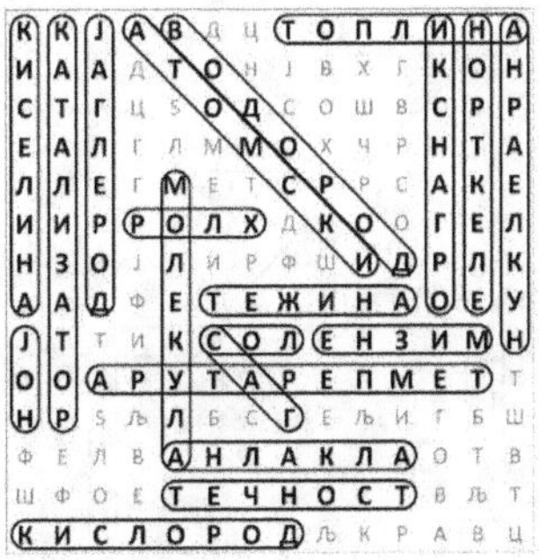

12 - Music

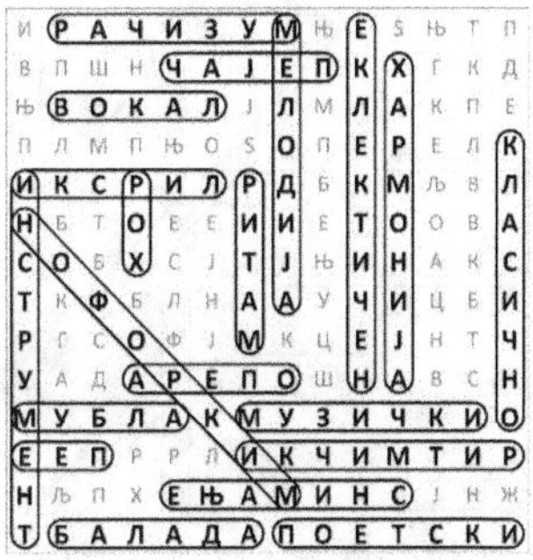

13 - Family

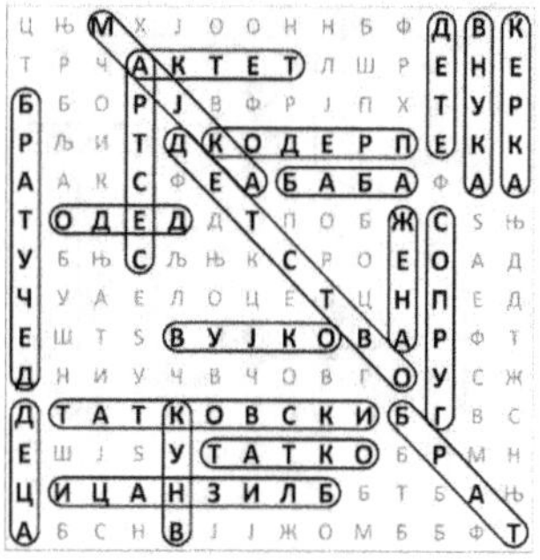

14 - Farm #1

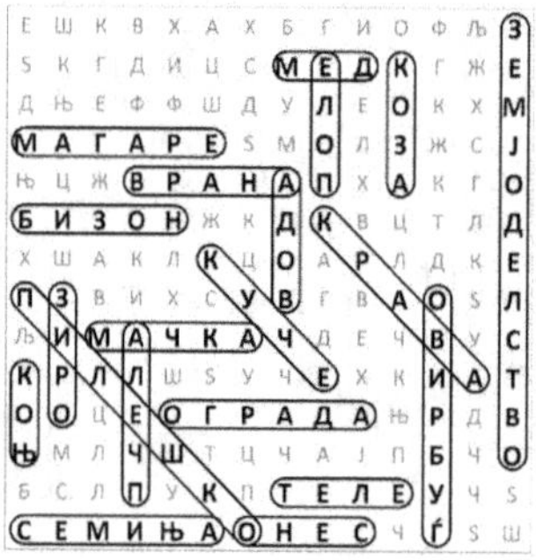

15 - Camping

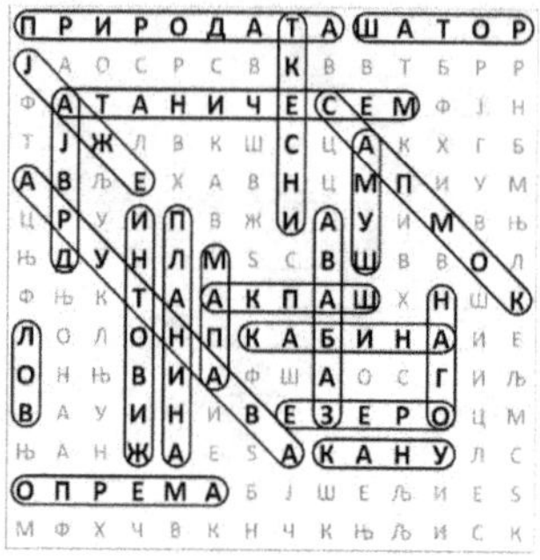

16 - Algebra

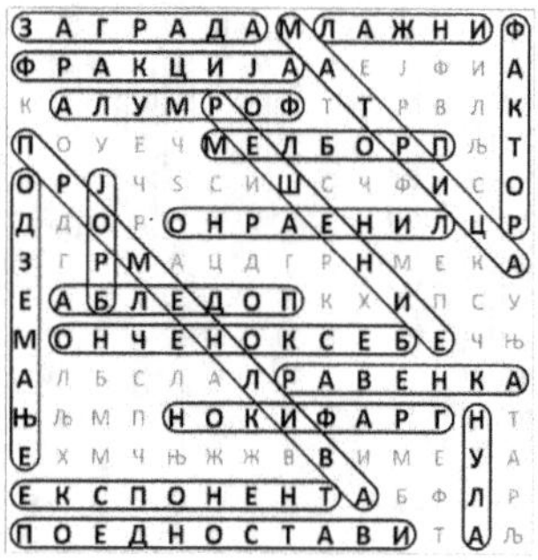

17 - Numbers

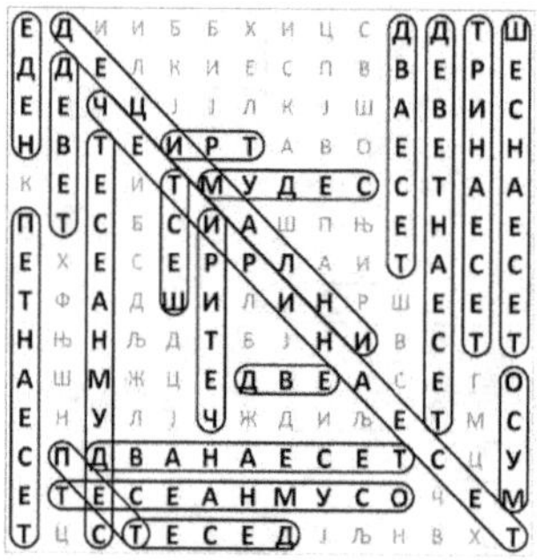

18 - Spices

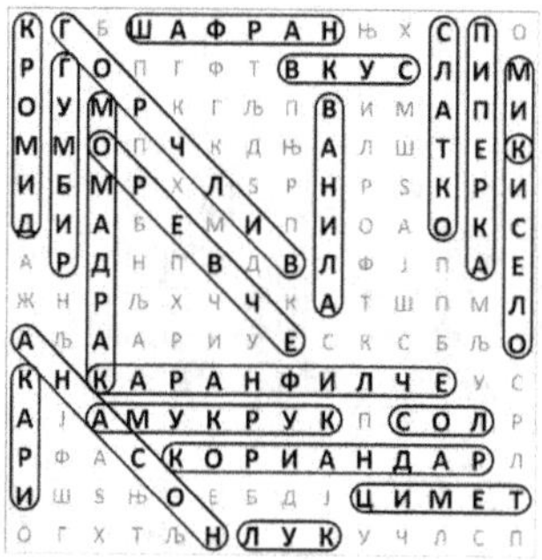

19 - Universe

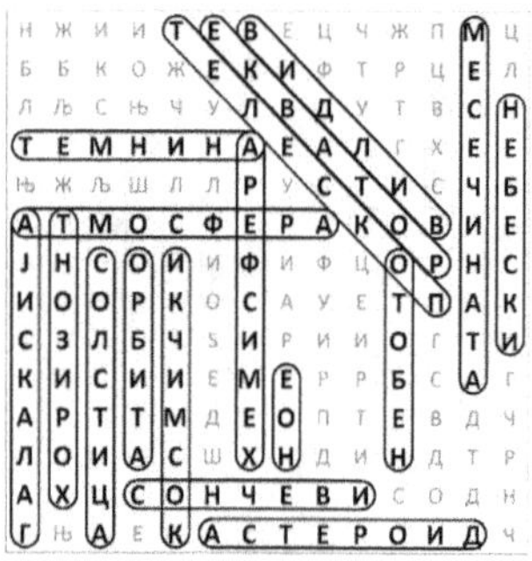

20 - Mammals

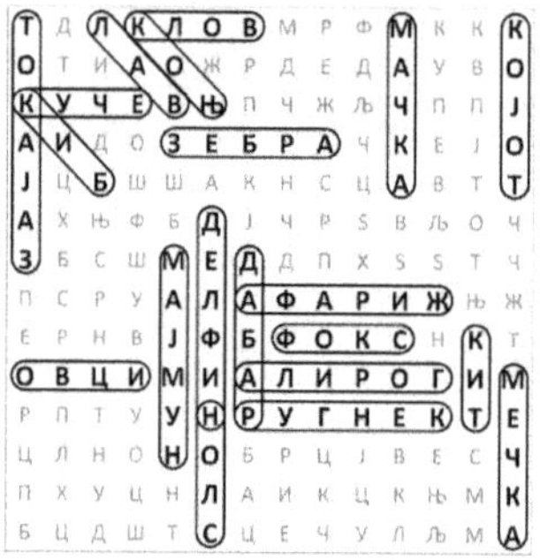

21 - Restaurant #1

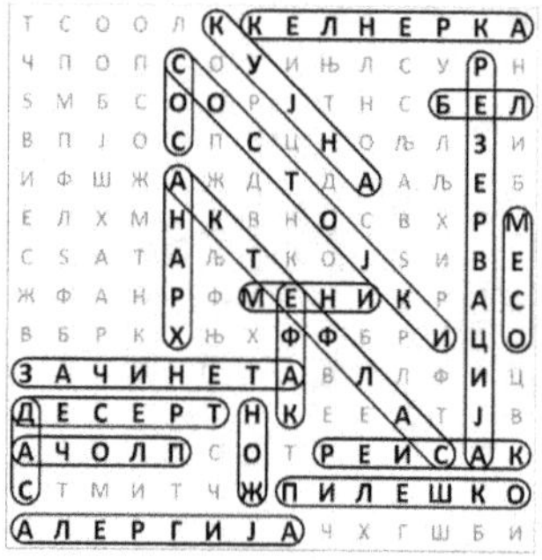

22 - Bees

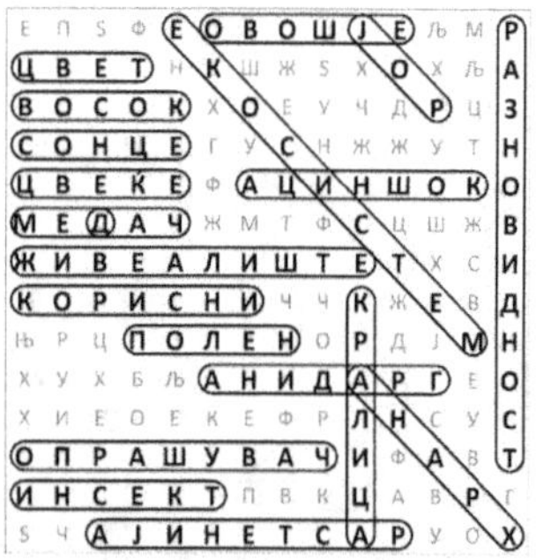

23 - Photography

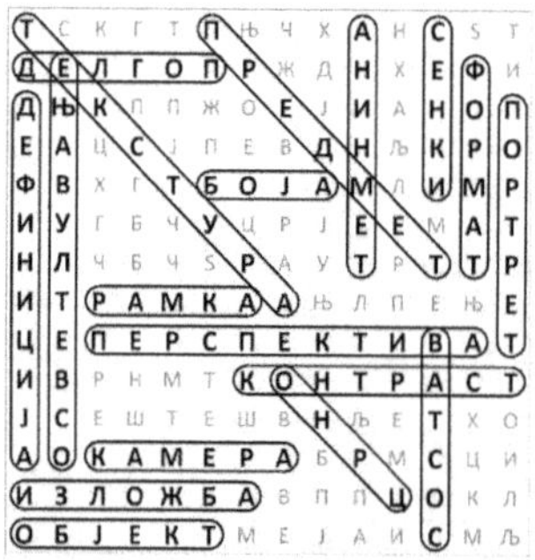

24 - Weather

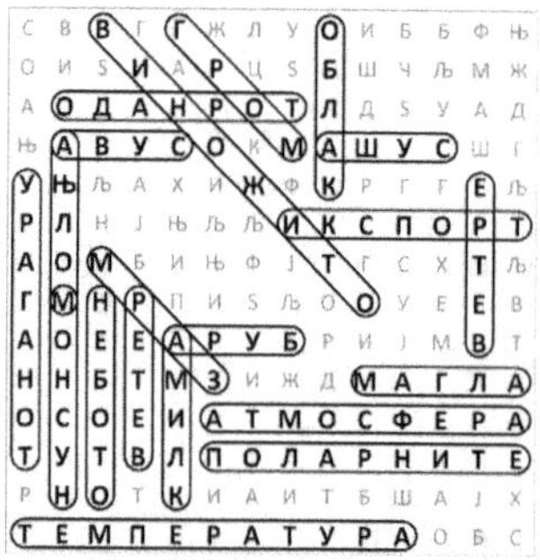

25 - Adventure

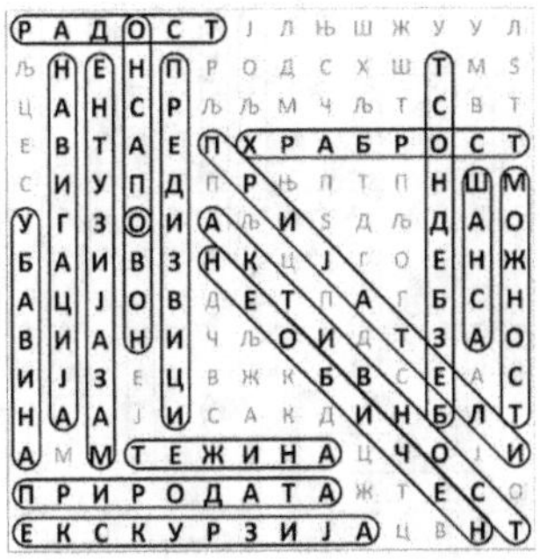

26 - Sport

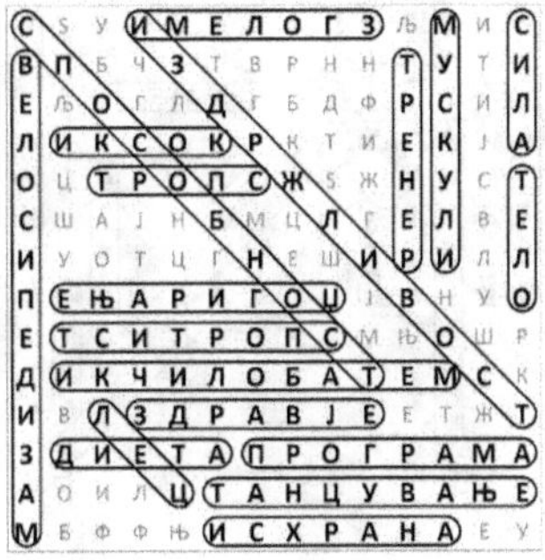

27 - Circus

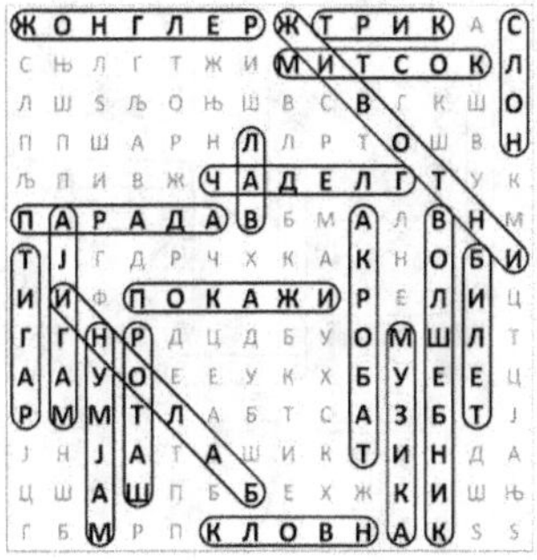

28 - Restaurant #2

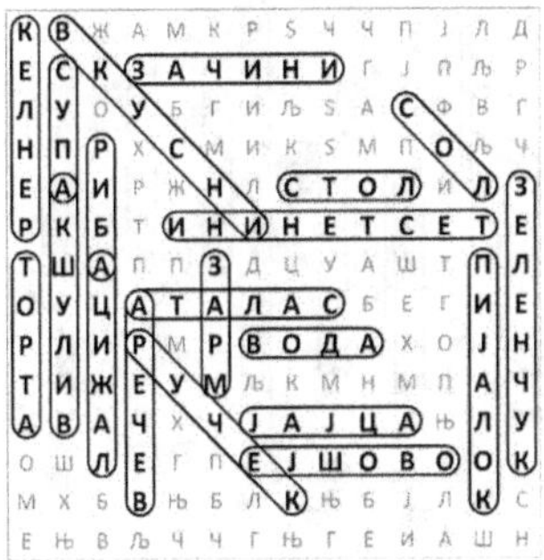

29 - Geology

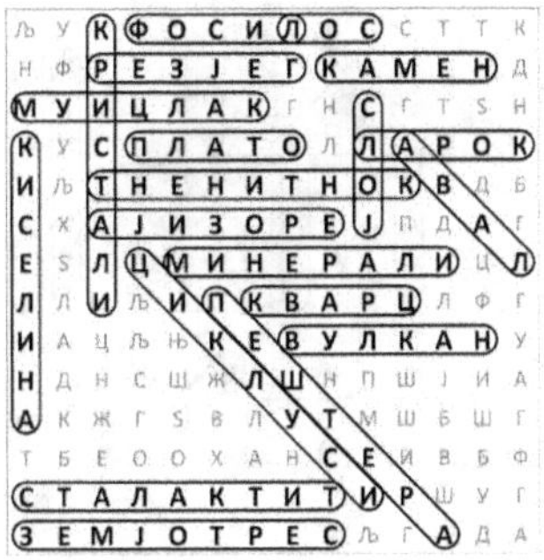

30 - House

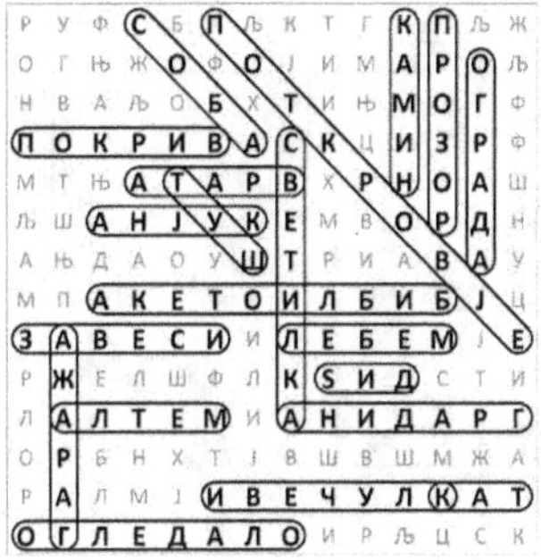

31 - Physics

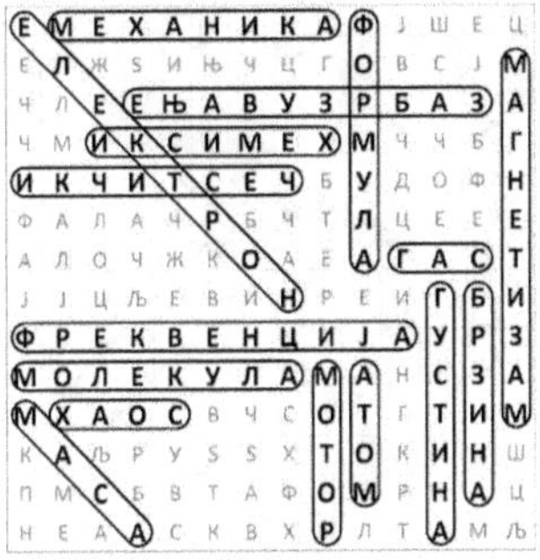

32 - Climbing

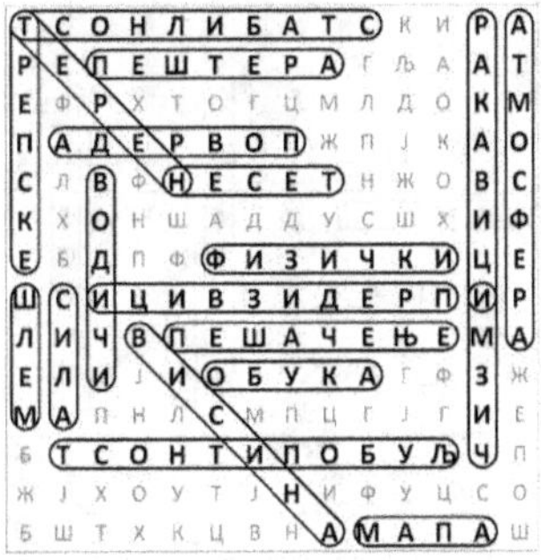

33 - Shapes

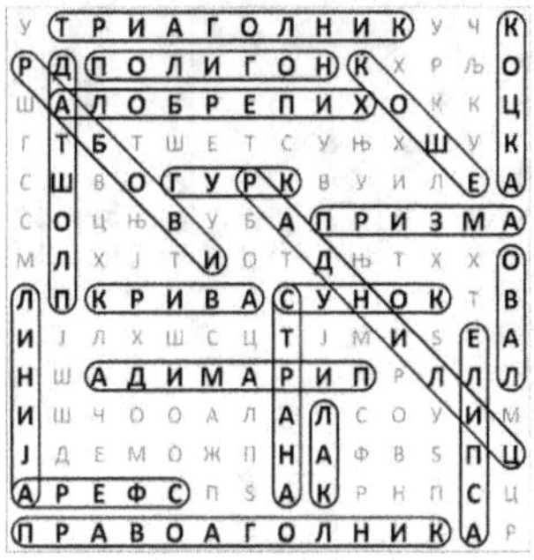

34 - Scientific Disciplines

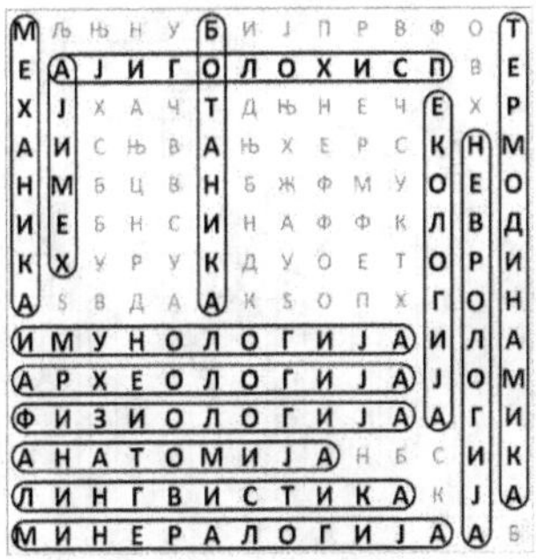

35 - Science

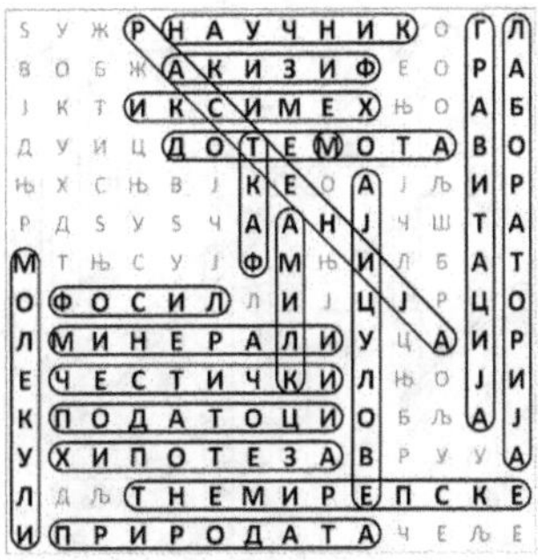

36 - Beauty

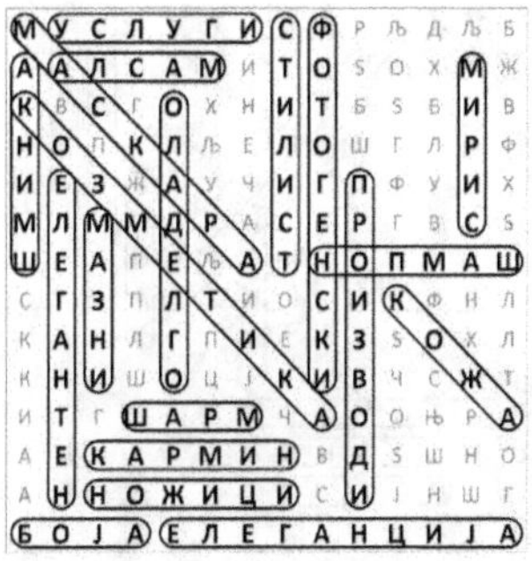

37 - To Fill

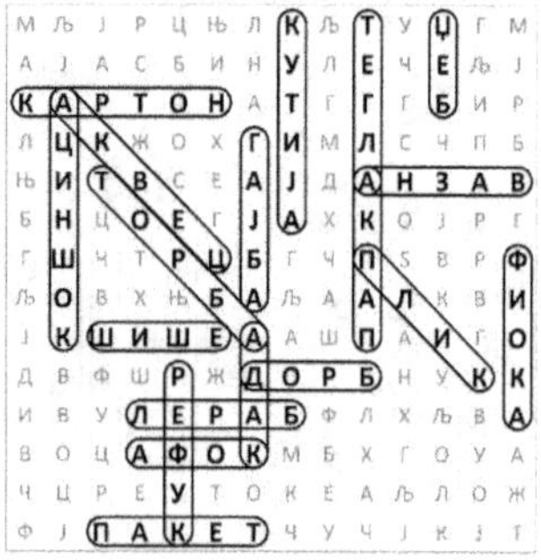

38 - Clothes

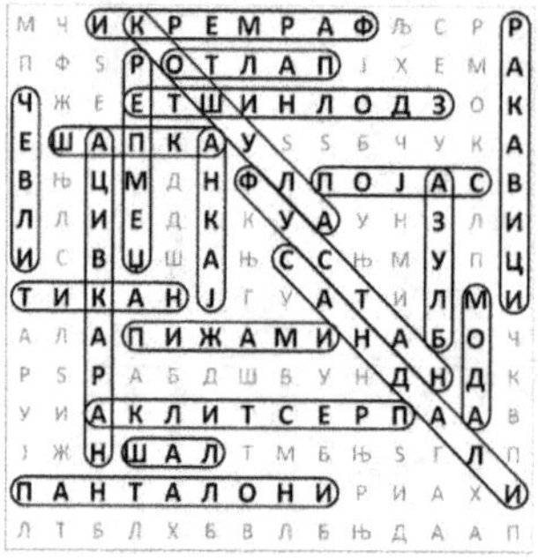

39 - Astronomy

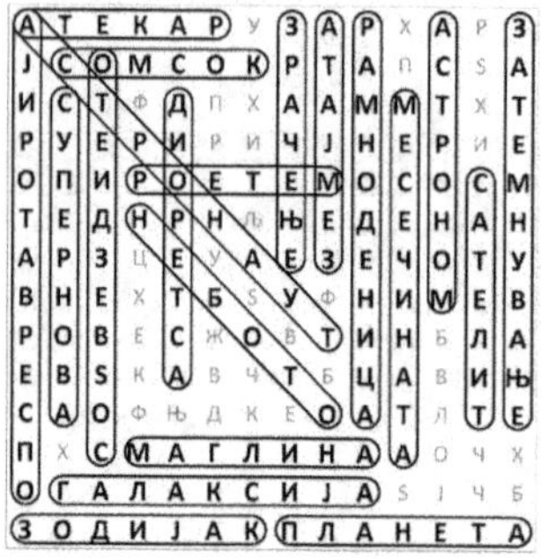

40 - Health and Wellness #2

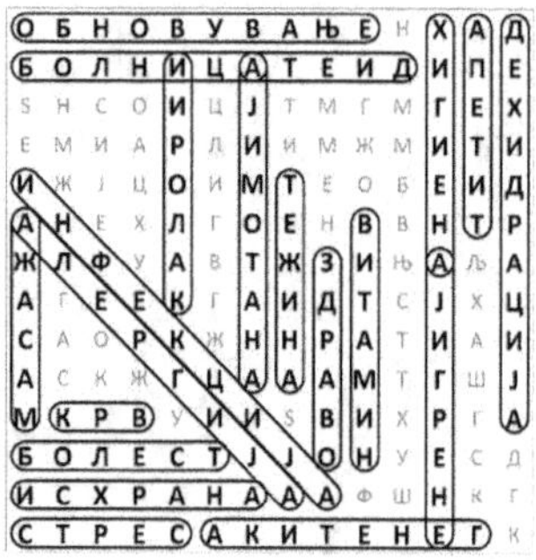

41 - Time

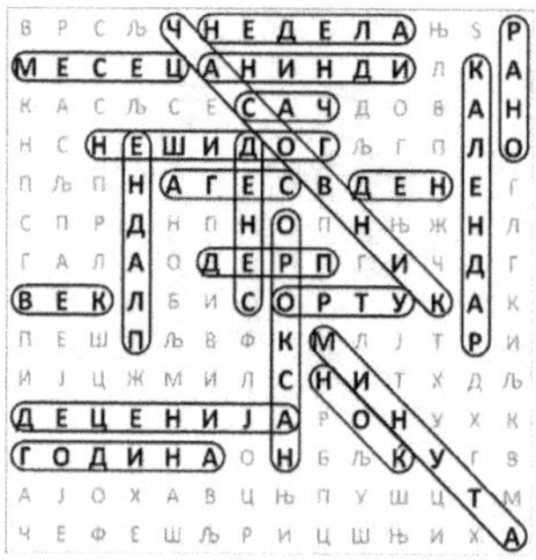

42 - Buildings

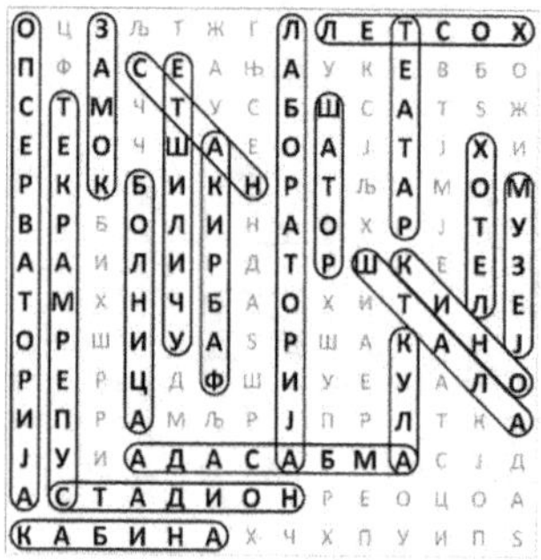

43 - Philanthropy

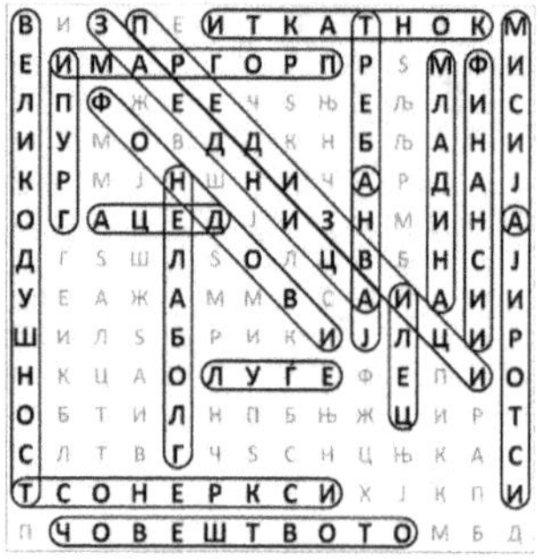

44 - Gardening

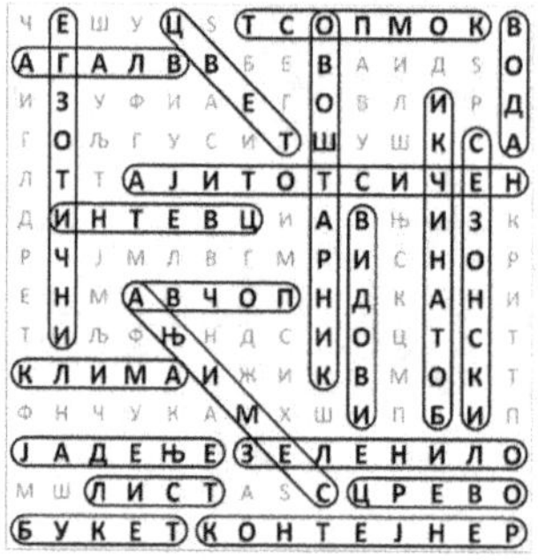

45 - Herbalism

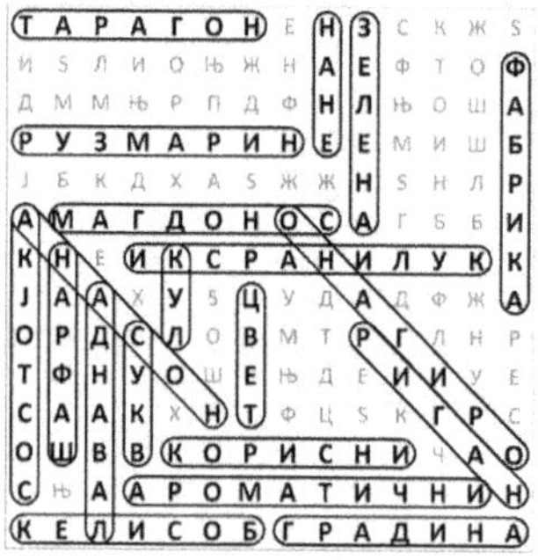

46 - Vehicles

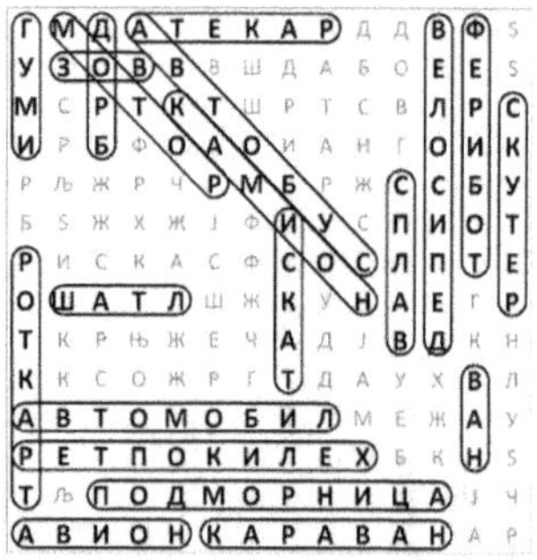

47 - Health and Wellness #1

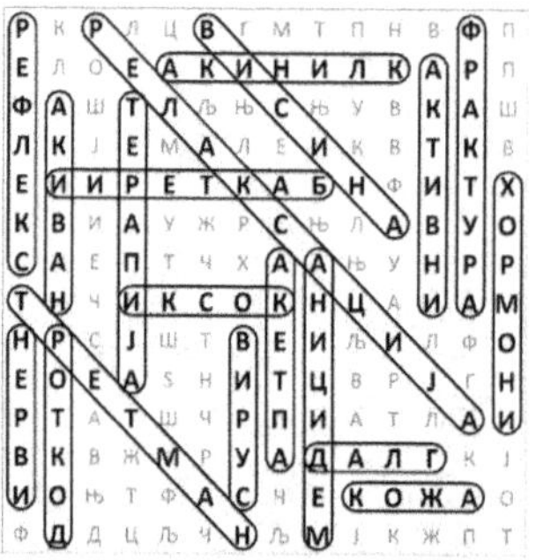

48 - Town

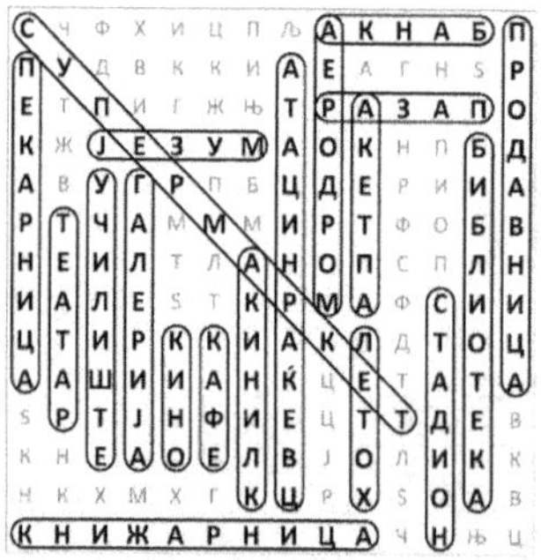

49 - Antarctica

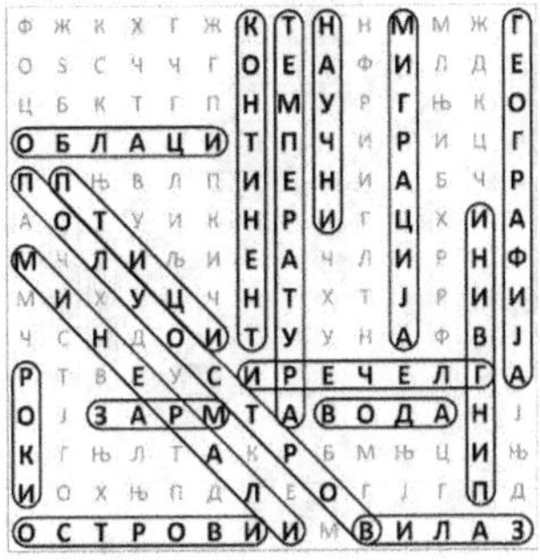

50 - Ballet

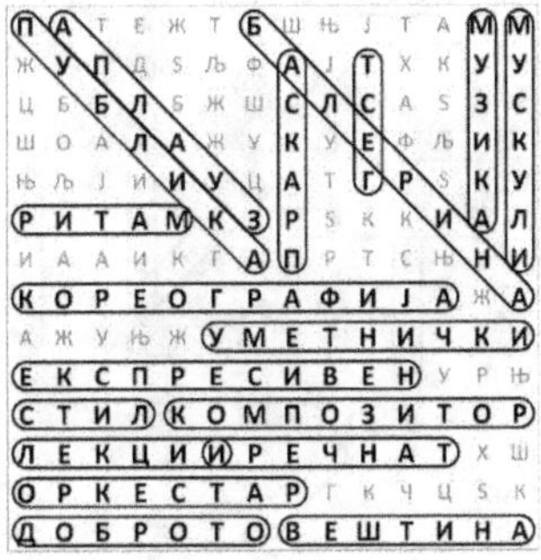

51 - Fashion

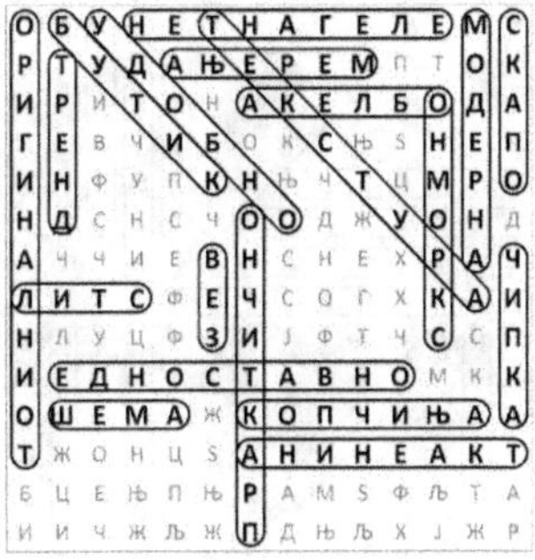

52 - Human Body

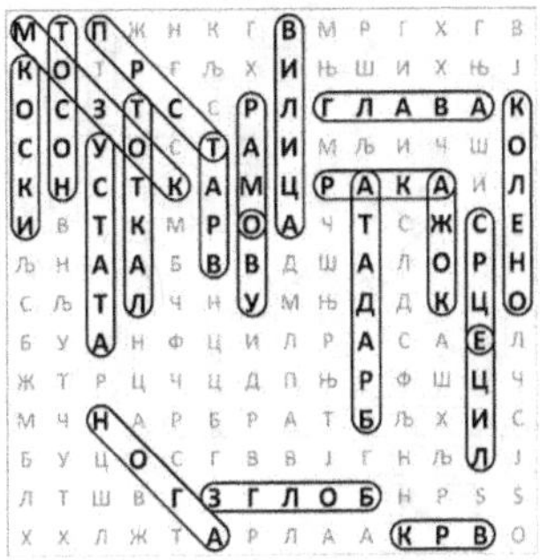

53 - Musical Instruments

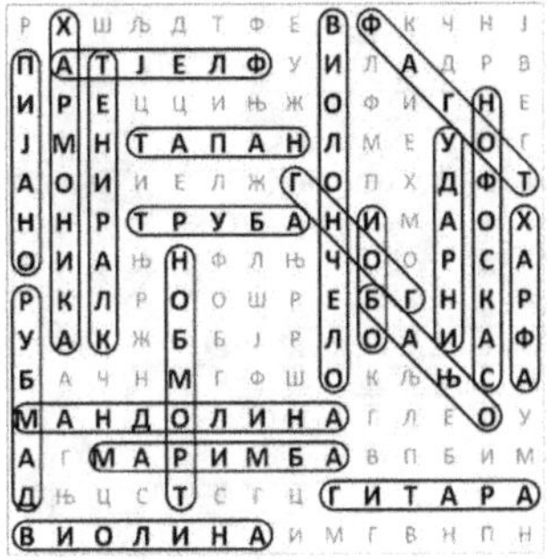

54 - Fruit

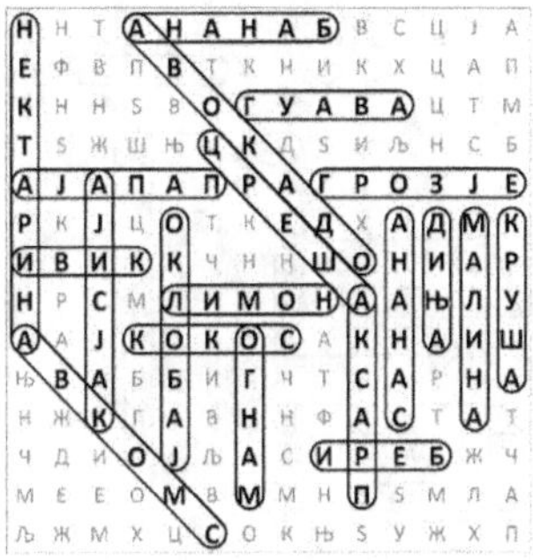

55 - Engineering

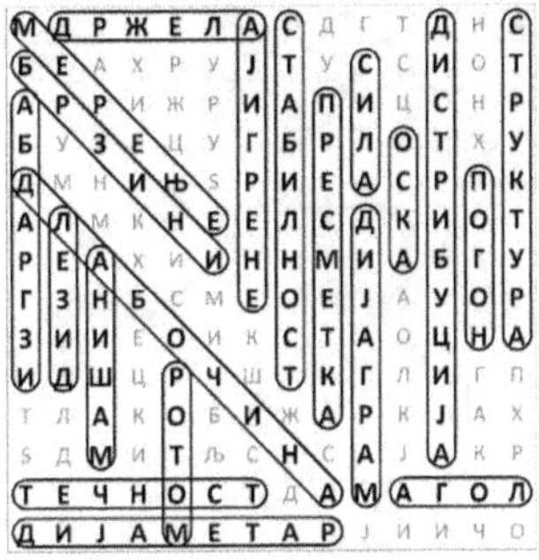

56 - Government

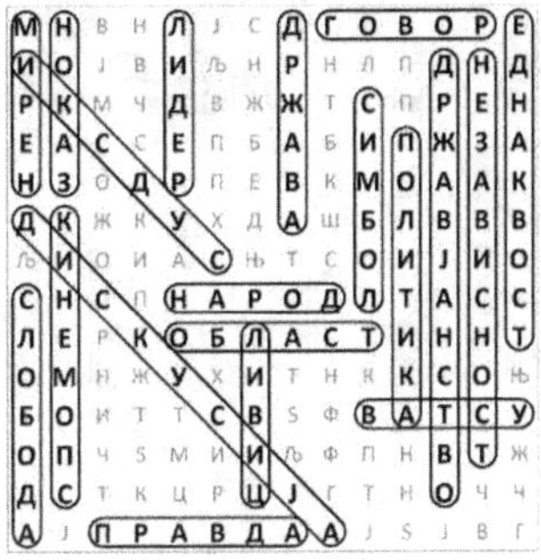

57 - Art Supplies

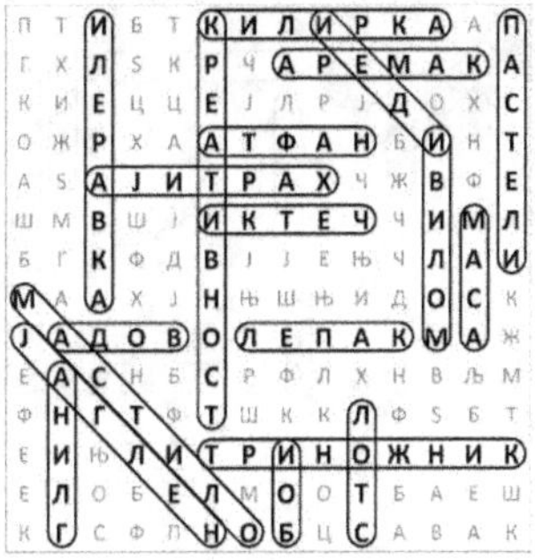

58 - Science Fiction

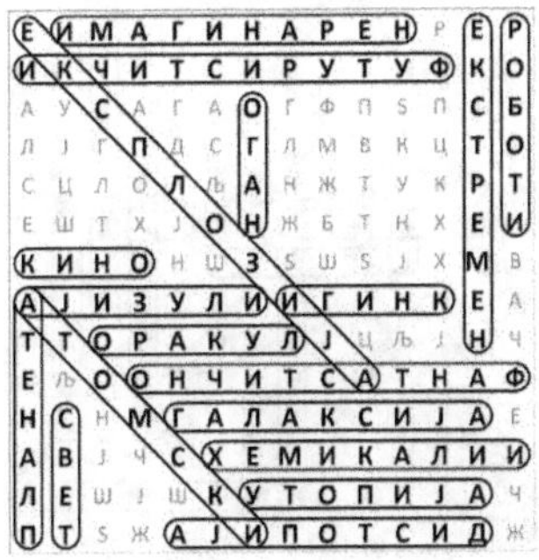

59 - Geometry

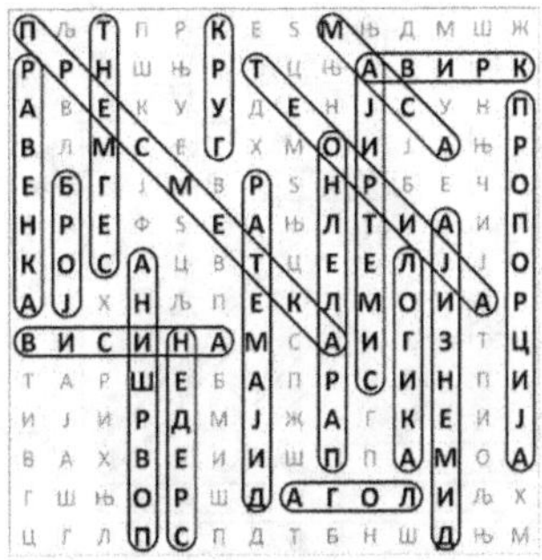

60 - Creativity

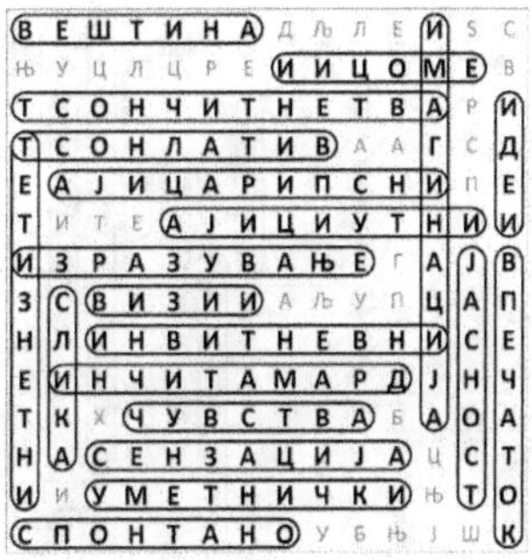

61 - Airplanes

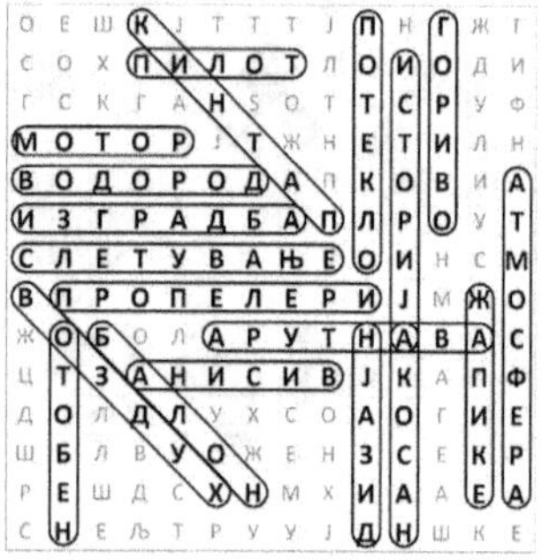

62 - Ocean

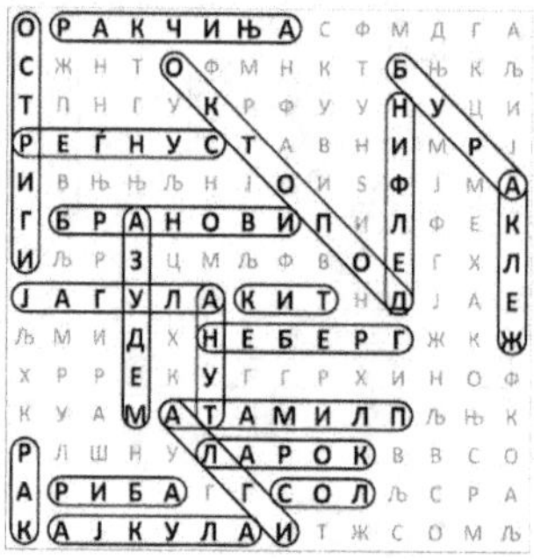

63 - Force and Gravity

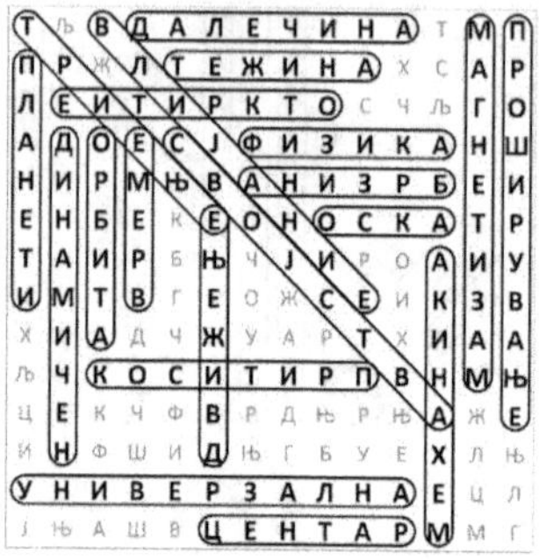

64 - Birds

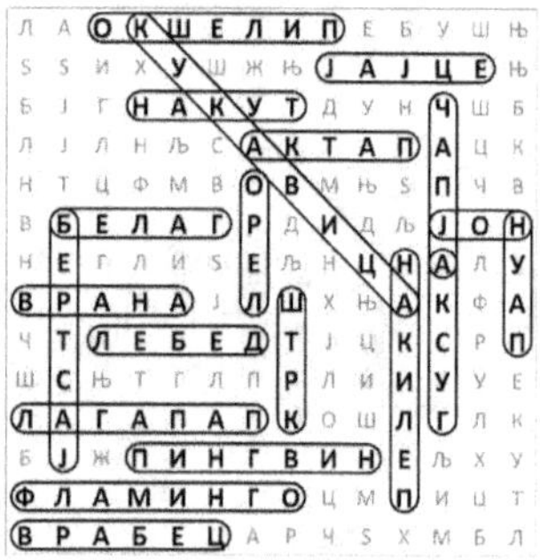

65 - Nutrition

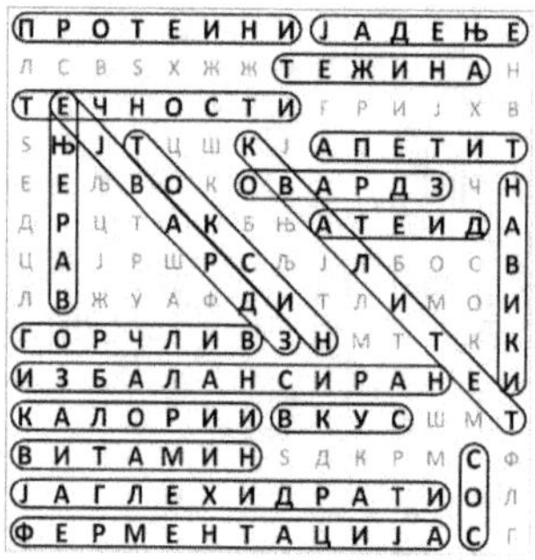

66 - Hiking

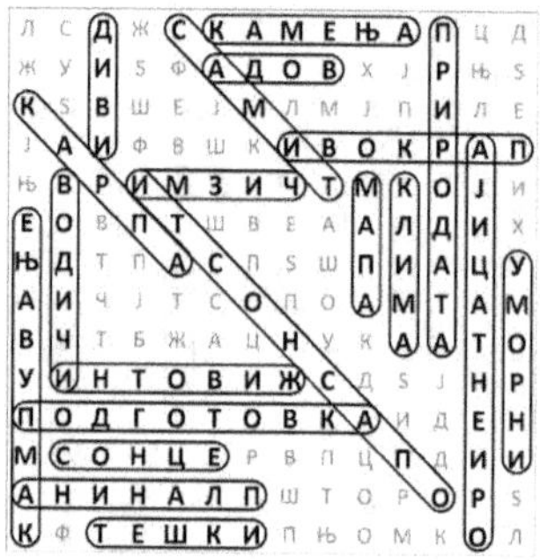

67 - Professions #1

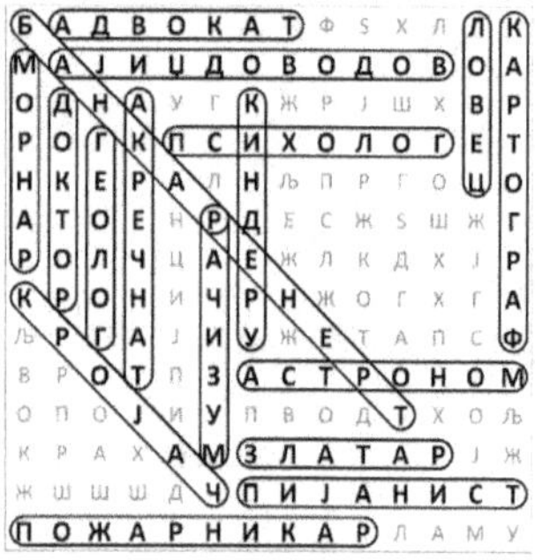

68 - Barbecues

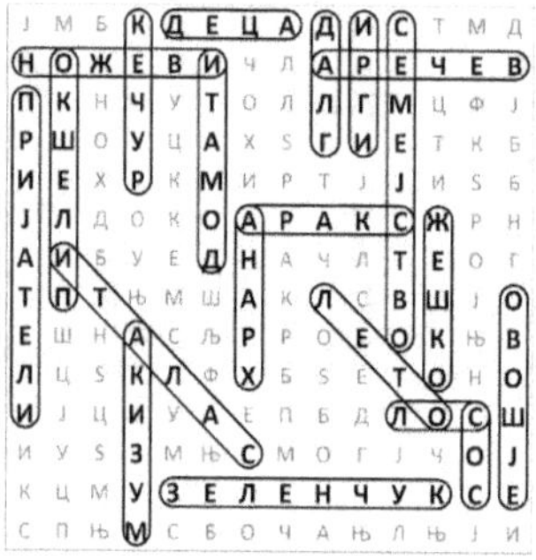

69 - Chocolate

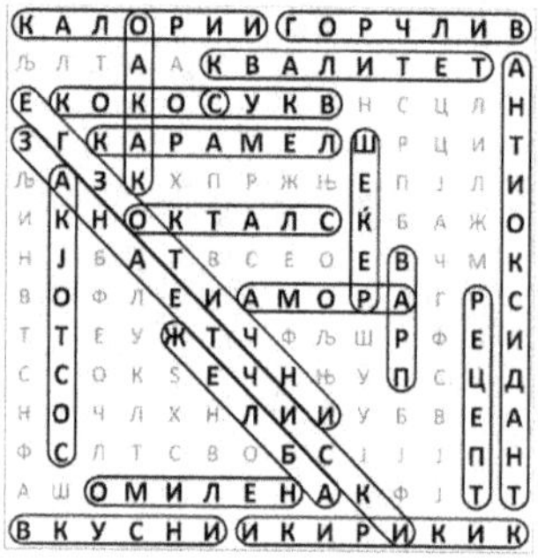

70 - Vegetables

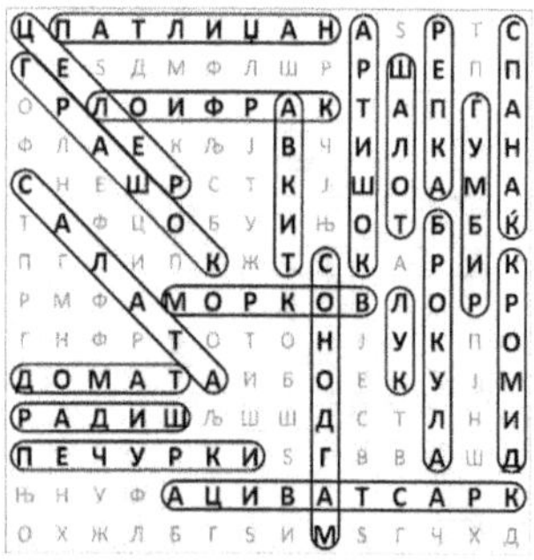

71 - The Media

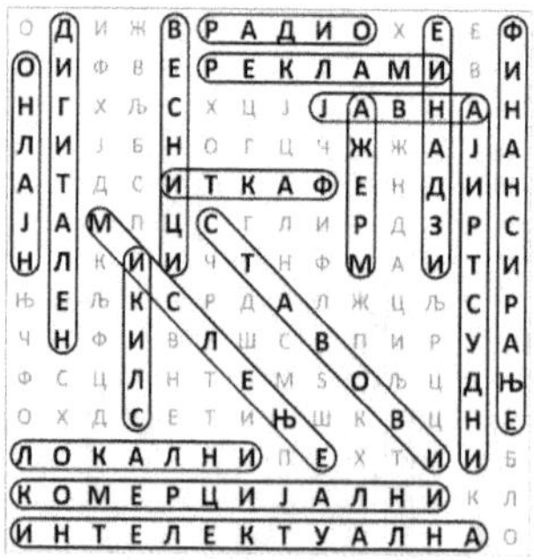

72 - Boats

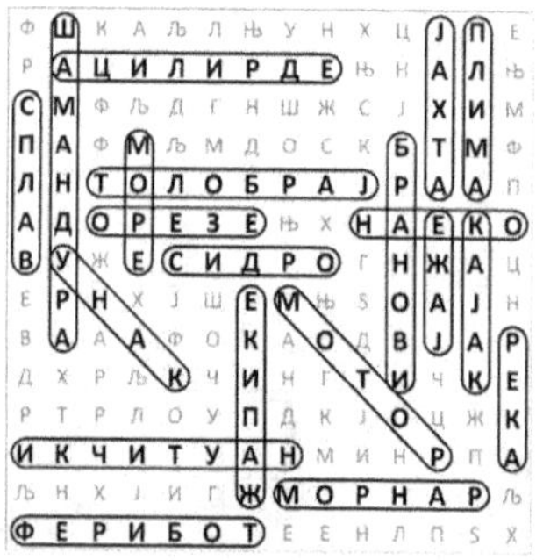

73 - Activities and Leisure

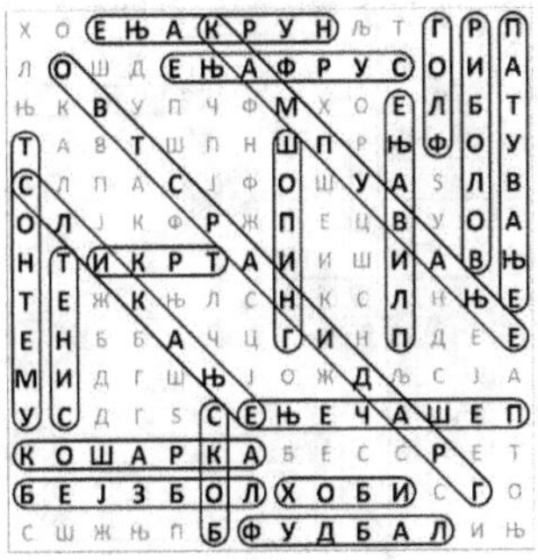

74 - Driving

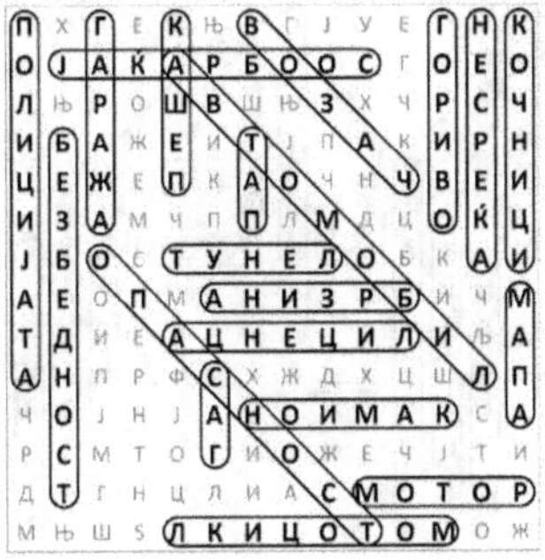

75 - Professions #2

76 - Mythology

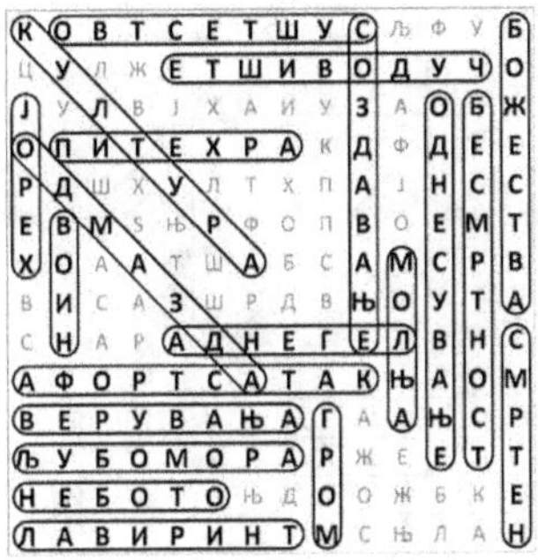

77 - Hair Types

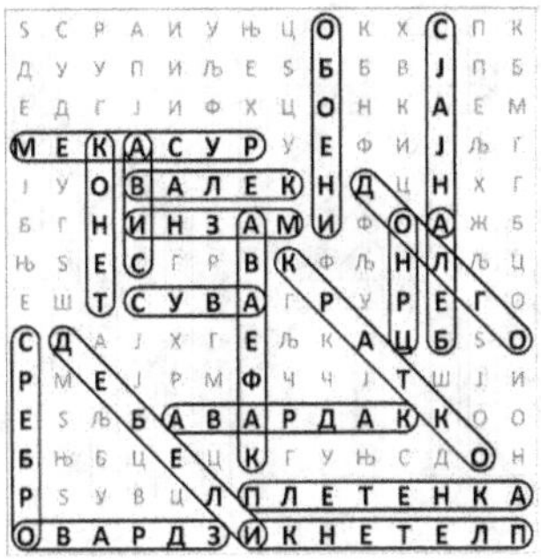

78 - Garden

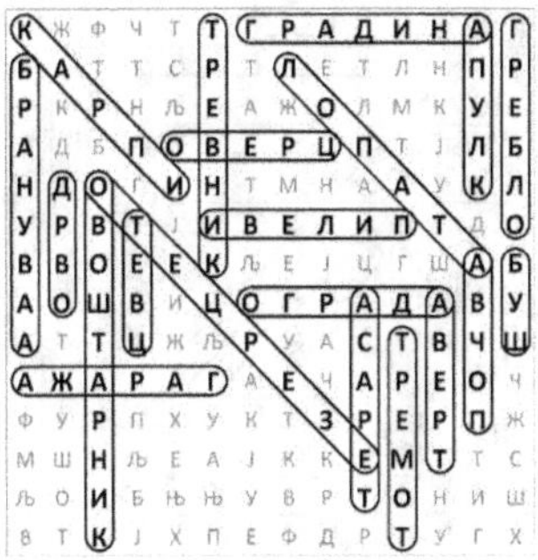

79 - Diplomacy

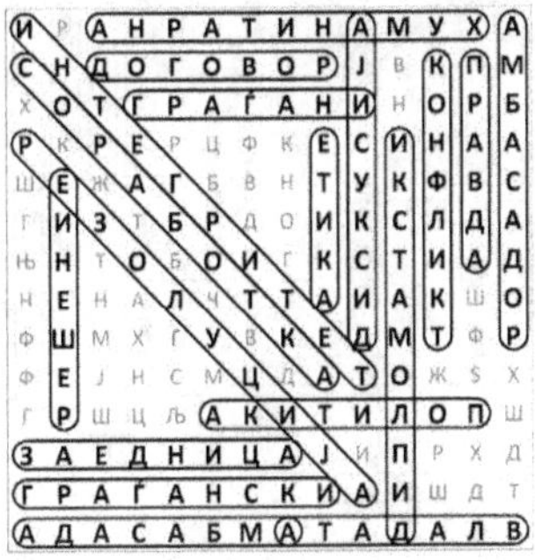

80 - Countries #1

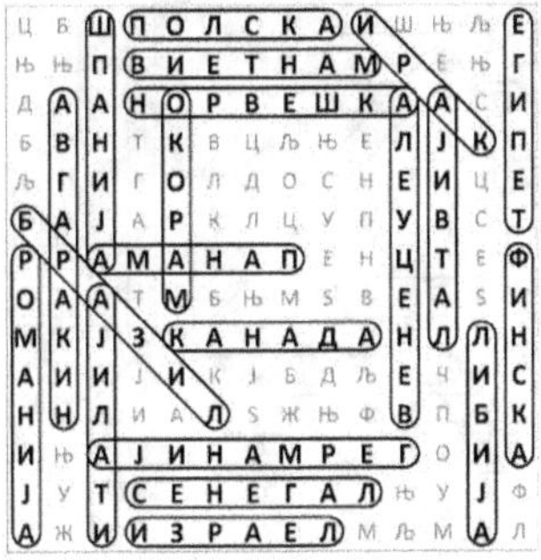

81 - Adjectives #1

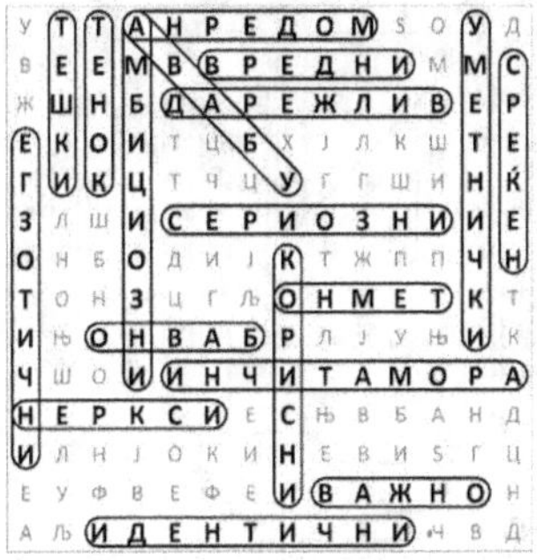

82 - Technology

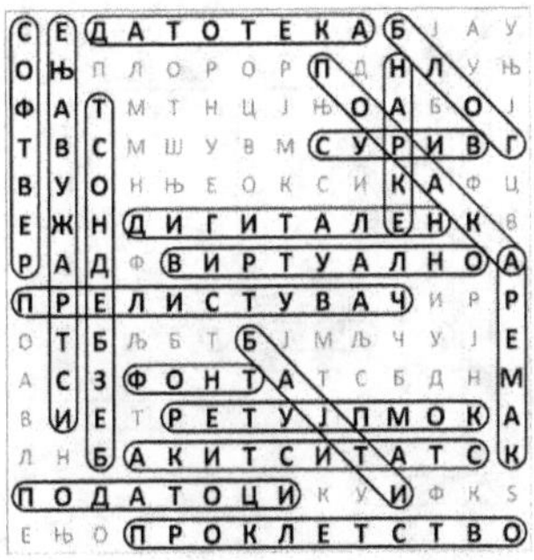

83 - Landscapes

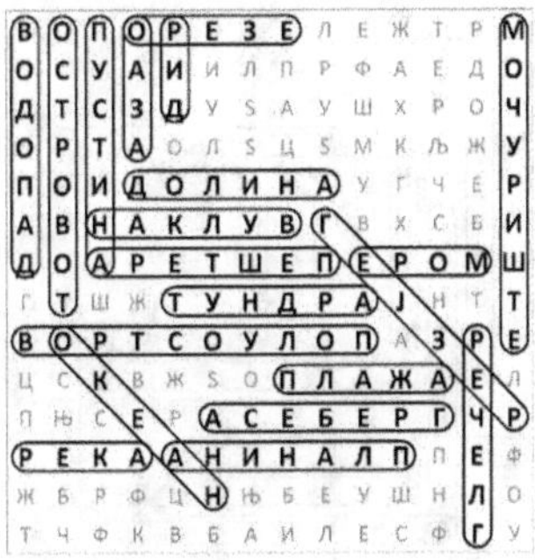

84 - Visual Arts

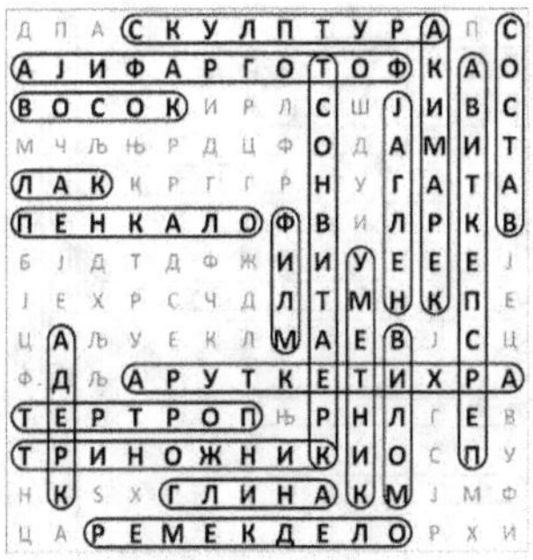

85 - Plants

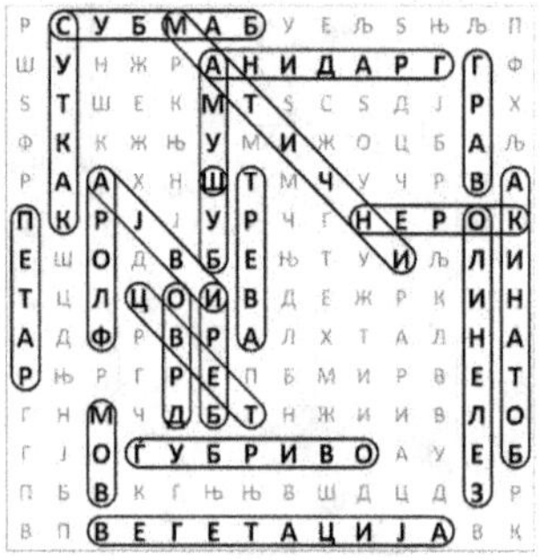

86 - Boxing

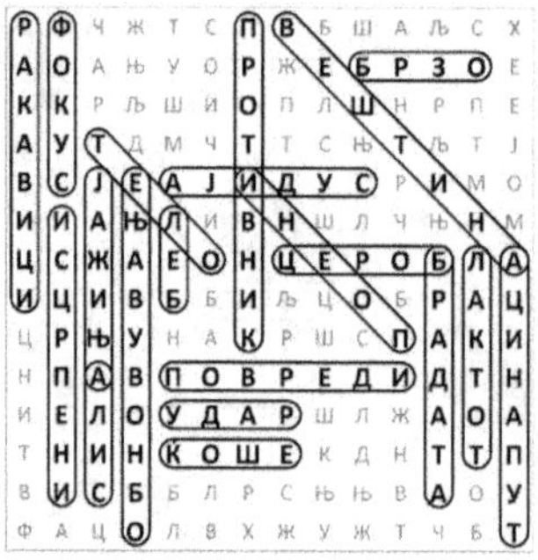

87 - Countries #2

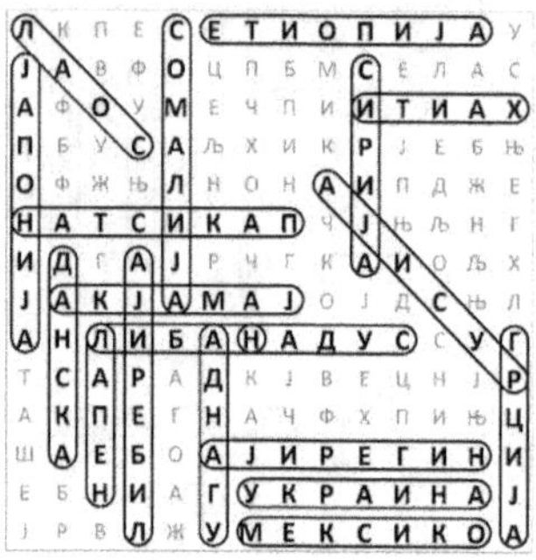

88 - Ecology

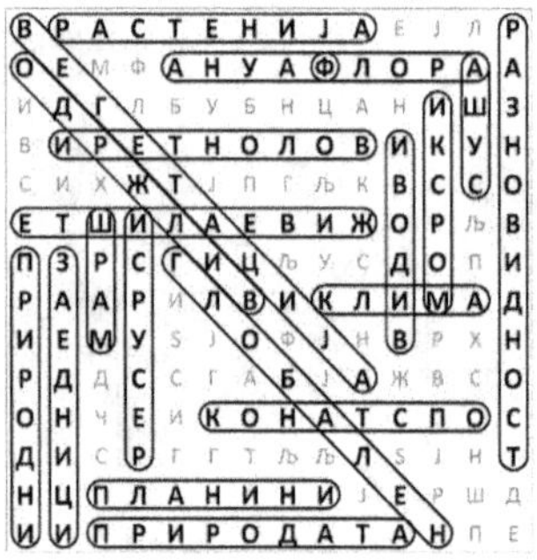

89 - Adjectives #2

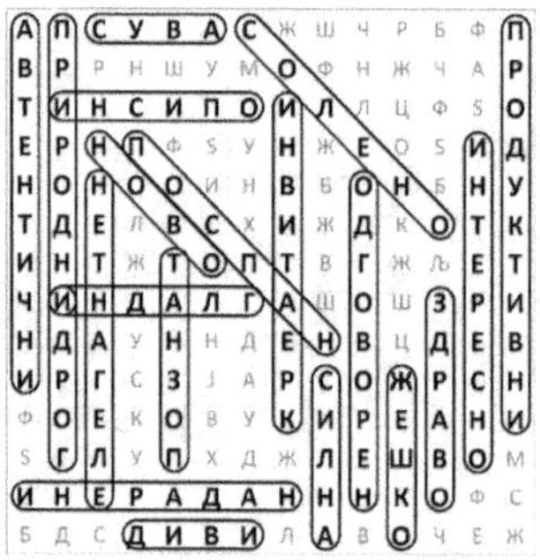

90 - Psychology

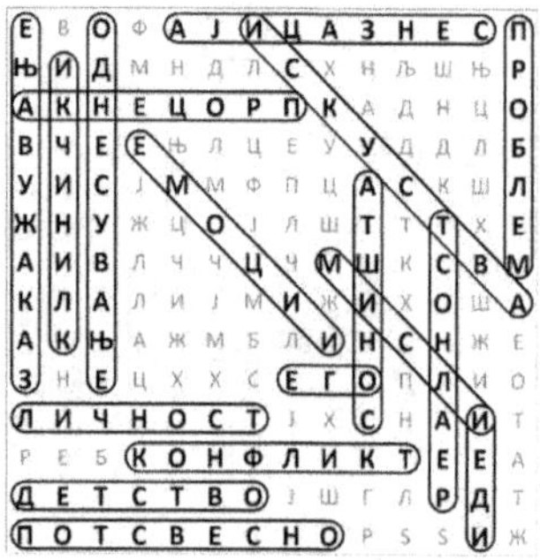

91 - Math

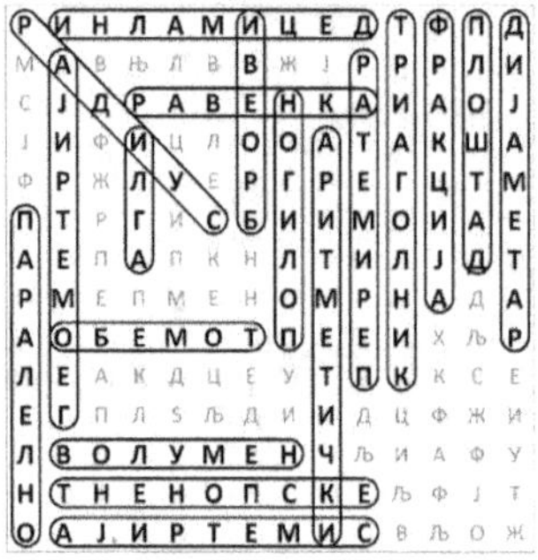

92 - Activities

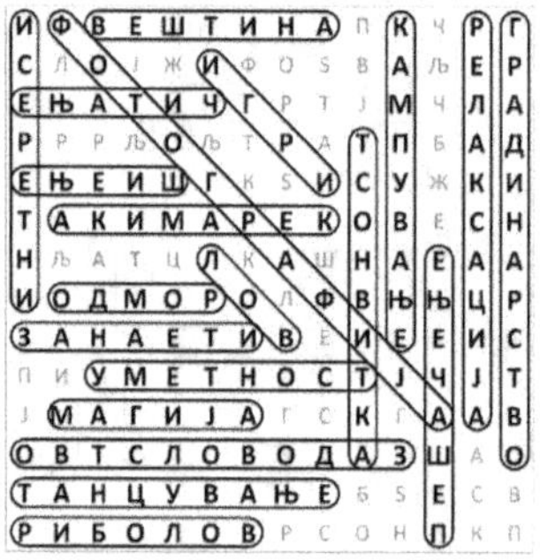

93 - Business

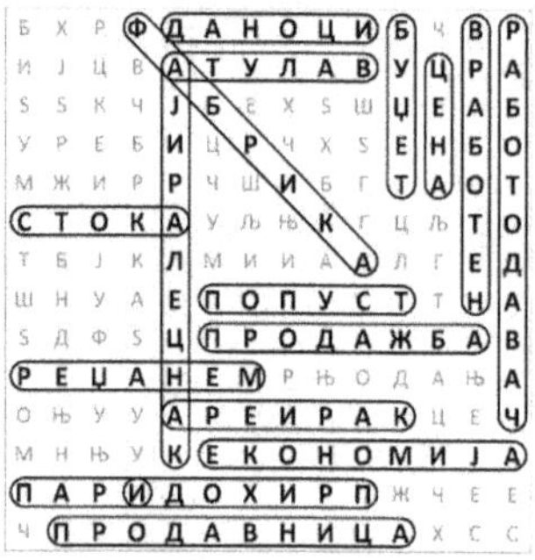

94 - The Company

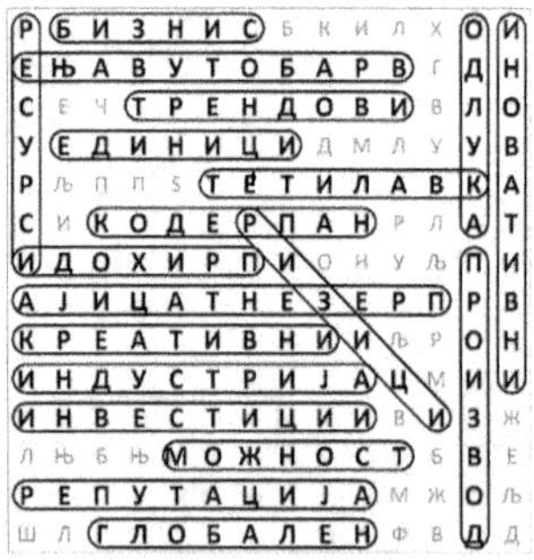

95 - Literature

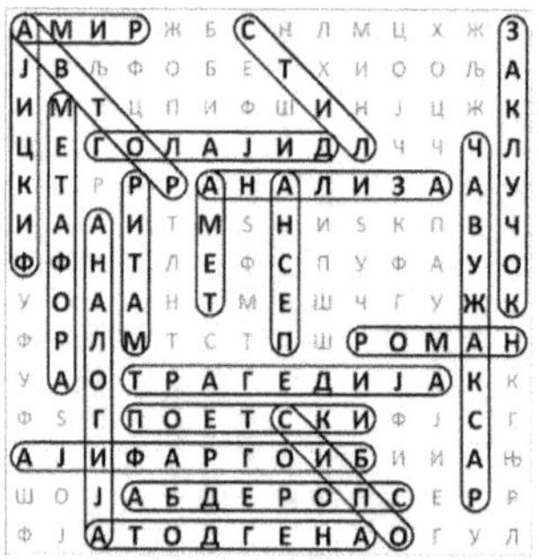

96 - Geography

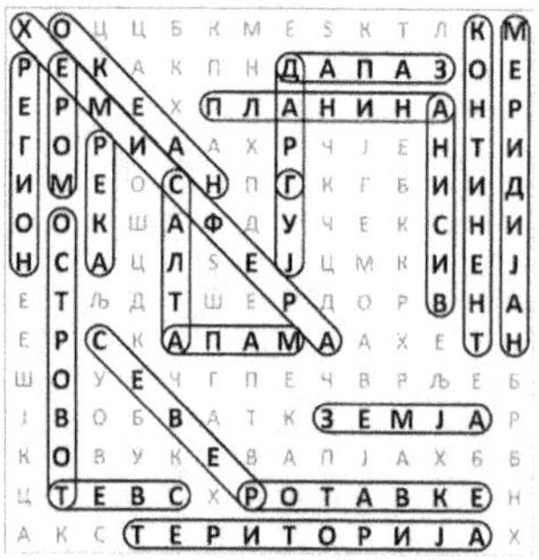

97 - Pets

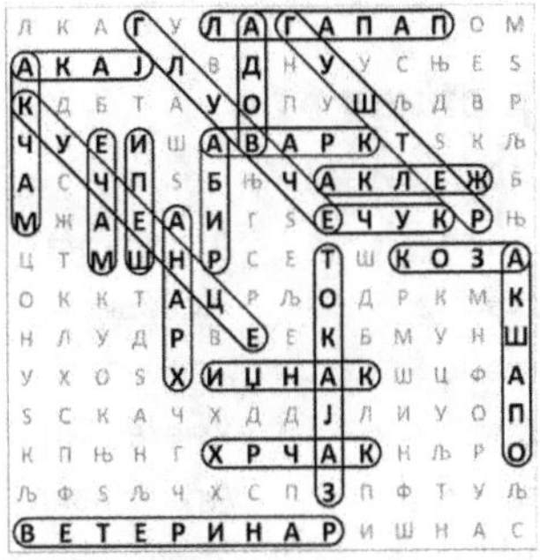

98 - Jazz

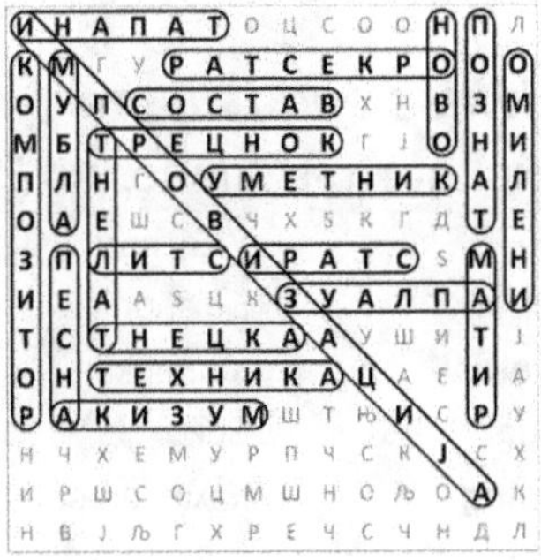

99 - Nature

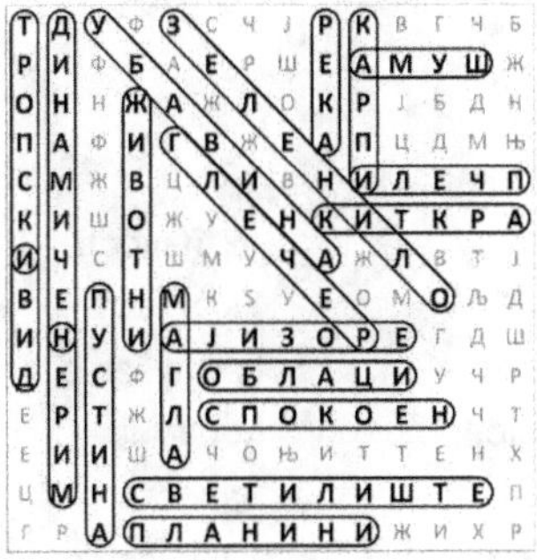

100 - Vacation #2

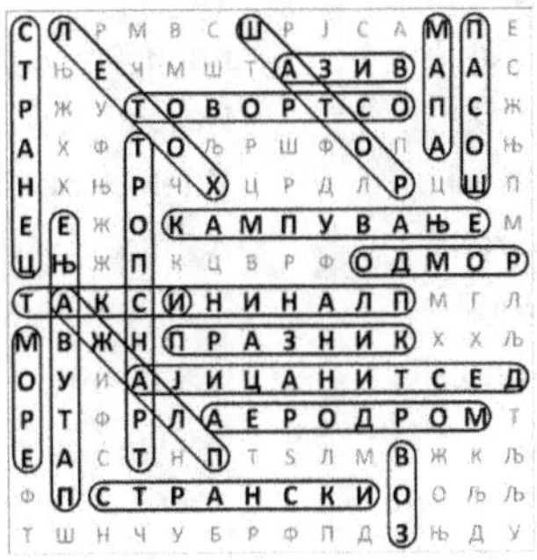

Dictionary

Activities
Активности

Activity	Активност
Art	Уметност
Camping	Кампување
Ceramics	Керамика
Crafts	Занаети
Dancing	Танцување
Fishing	Риболов
Games	Игри
Gardening	Градинарство
Hiking	Пешачење
Hunting	Лов
Interests	Интереси
Leisure	Одмор
Magic	Магија
Photography	Фотографија
Pleasure	Задоволство
Reading	Читање
Relaxation	Релаксација
Sewing	Шиење
Skill	Вештина

Activities and Leisure
Активности и Слободно Вр

Art	Уметност
Baseball	Бејзбол
Basketball	Кошарка
Boxing	Бокс
Camping	Кампување
Diving	Нуркање
Fishing	Риболов
Gardening	Градинарство
Golf	Голф
Hiking	Пешачење
Hobbies	Хоби
Painting	Сликање
Racing	Трки
Shopping	Шопинг
Soccer	Фудбал
Surfing	Сурфање
Swimming	Пливање
Tennis	Тенис
Travel	Патување
Volleyball	Одбојка

Adjectives #1
Придавки #1

Absolute	Апсолутна
Ambitious	Амбициозни
Aromatic	Ароматични
Artistic	Уметнички
Attractive	Атрактивни
Beautiful	Убава
Dark	Темно
Exotic	Егзотични
Generous	Дарежлив
Happy	Среќен
Heavy	Тешки
Helpful	Корисни
Honest	Искрен
Identical	Идентични
Important	Важно
Modern	Модерна
Serious	Сериозни
Slow	Бавно
Thin	Тенок
Valuable	Вредни

Adjectives #2
Придавки #2

Authentic	Автентични
Creative	Креативни
Descriptive	Описни
Dry	Сува
Elegant	Елегантен
Famous	Познат
Gifted	Надарени
Healthy	Здраво
Hot	Жешко
Hungry	Гладни
Interesting	Интересно
Natural	Природни
New	Ново
Productive	Продуктивни
Proud	Горди
Responsible	Одговорен
Salty	Солено
Sleepy	Поспан
Strong	Силна
Wild	Диви

Adventure
Авантура

Activity	Активност
Beauty	Убавина
Bravery	Храброст
Challenges	Предизвици
Chance	Шанса
Dangerous	Опасно
Destination	Дестинација
Difficulty	Тежина
Enthusiasm	Ентузијазам
Excursion	Екскурзија
Friends	Пријатели
Joy	Радост
Nature	Природата
Navigation	Навигација
New	Ново
Opportunity	Можност
Preparation	Подготовка
Safety	Безбедност
Surprising	Изненадувачки
Unusual	Необичен

Airplanes
Авиони

Adventure	Авантура
Air	Воздух
Atmosphere	Атмосфера
Balloon	Балон
Construction	Изградба
Crew	Екипаж
Descent	Потекло
Design	Дизајн
Direction	Насока
Engine	Мотор
Fuel	Гориво
Height	Висина
History	Историја
Hydrogen	Водород
Landing	Слетување
Passenger	Патник
Pilot	Пилот
Propellers	Пропелери
Sky	Небото
Turbulence	Турбуленции

Algebra
Алгебра

Diagram	Дијаграм
Division	Поделба
Equation	Равенка
Exponent	Експонент
Factor	Фактор
False	Лажни
Formula	Формула
Fraction	Фракција
Graph	Графикон
Infinite	Бесконечно
Linear	Линеарно
Matrix	Матрица
Number	Број
Parenthesis	Заграда
Problem	Проблем
Simplify	Поедностави
Solution	Решение
Subtraction	Одземање
Variable	Променлива
Zero	Нула

Antarctica
Антарктикот

Bay	Залив
Birds	Птици
Clouds	Облаци
Conservation	Конзервација
Continent	Континент
Expedition	Експедиција
Geography	Географија
Glaciers	Глечери
Ice	Мраз
Islands	Острови
Migration	Миграција
Minerals	Минерали
Penguins	Пингвини
Peninsula	Полуостров
Researcher	Истражувач
Rocky	Роки
Scientific	Научни
Temperature	Температура
Topography	Топографија
Water	Вода

Antiques
Антиквитети

Art	Уметност
Auction	Аукција
Authentic	Автентични
Century	Век
Coins	Монети
Decades	Децении
Decorative	Декоративни
Elegant	Елегантен
Furniture	Мебел
Gallery	Галерија
Investment	Инвестиции
Jewelry	Накит
Old	Стари
Price	Цена
Quality	Квалитет
Restoration	Реставрација
Sculpture	Скулптура
Style	Стил
Unusual	Необичен
Value	Вредност

Archeology
Археологија

Analysis	Анализа
Ancient	Антички
Antiquity	Антиката
Bones	Коски
Civilization	Цивилизација
Descendant	Потомок
Era	Ера
Evaluation	Евалуација
Expert	Експерт
Findings	Наоди
Forgotten	Заборавени
Fossil	Фосил
Mystery	Мистерија
Objects	Објекти
Relic	Остаток
Researcher	Истражувач
Team	Тим
Temple	Храмот
Tomb	Гробот
Unknown	Непознат

Art Supplies
Уметнички Материјали

Acrylic	Акрилик
Brushes	Четки
Camera	Камера
Chair	Стол
Charcoal	Јаглен
Clay	Глина
Colors	Бои
Creativity	Креативност
Easel	Триножник
Glue	Лепак
Ideas	Идеи
Ink	Мастило
Oil	Нафта
Paper	Хартија
Pastels	Пастели
Pencils	Моливи
Table	Маса
Water	Вода
Watercolors	Аквaрели

Astronomy
Астрономија

Asteroid	Астероид
Astronaut	Астронаут
Astronomer	Астроном
Constellation	Созвездието
Cosmos	Космос
Earth	Земјата
Eclipse	Затемнување
Equinox	Рамноденица
Galaxy	Галаксија
Meteor	Метеор
Moon	Месечината
Nebula	Маглина
Observatory	Опсерваторија
Planet	Планета
Radiation	Зрачење
Rocket	Ракета
Satellite	Сателит
Sky	Небото
Supernova	Супернова
Zodiac	Зодијак

Ballet
Балет

Applause	Аплауз
Artistic	Уметнички
Audience	Публика
Ballerina	Балерина
Choreography	Кореографија
Composer	Композитор
Dancers	Танчери
Expressive	Експресивен
Gesture	Гест
Graceful	Доброто
Intensity	Интензитет
Lessons	Лекции
Muscles	Мускули
Music	Музика
Orchestra	Оркестар
Practice	Пракса
Rhythm	Ритам
Skill	Вештина
Style	Стил
Technique	Техника

Barbecues
Скара

Chicken	Пилешко
Children	Деца
Dinner	Вечера
Family	Семејство
Food	Храна
Friends	Пријатели
Fruit	Овошје
Games	Игри
Grill	Скара
Hot	Жешко
Hunger	Глад
Knives	Ножеви
Lunch	Ручек
Music	Музика
Salads	Салати
Salt	Сол
Sauce	Сос
Summer	Лето
Tomatoes	Домати
Vegetables	Зеленчук

Beauty
Убавина

Charm	Шарм
Color	Боја
Cosmetics	Козметика
Elegance	Елеганција
Elegant	Елегантен
Fragrance	Мирис
Lipstick	Кармин
Makeup	Шминка
Mascara	Маскара
Mirror	Огледало
Oils	Масла
Photogenic	Фотогенски
Products	Производи
Scissors	Ножици
Services	Услуги
Shampoo	Шампон
Skin	Кожа
Smooth	Мазни
Stylist	Стилист

Bees
Пчелите

Beneficial	Корисни
Blossom	Цвет
Diversity	Разновидност
Ecosystem	Екосистем
Flowers	Цвеќе
Food	Храна
Fruit	Овошје
Garden	Градина
Habitat	Живеалиште
Hive	Кошница
Honey	Мед
Insect	Инсект
Plants	Растенија
Pollen	Полен
Pollinator	Опрашувач
Queen	Кралица
Smoke	Чад
Sun	Сонце
Swarm	Рој
Wax	Восок

Birds
Птици

Chicken	Пилешко
Crow	Врана
Cuckoo	Кукавица
Duck	Патка
Eagle	Орел
Egg	Јајце
Flamingo	Фламинго
Goose	Гуска
Gull	Галеб
Hawk	Јастреб
Heron	Чапја
Ostrich	Ној
Parrot	Папагал
Peacock	Паун
Pelican	Пеликан
Penguin	Пингвин
Sparrow	Врабец
Stork	Штрк
Swan	Лебед
Toucan	Тукан

Boats
Чамци

Anchor	Сидро
Buoy	Шамандура
Canoe	Кану
Crew	Екипаж
Engine	Мотор
Ferry	Ферибот
Kayak	Кајак
Lake	Езеро
Mast	Јарболот
Nautical	Наутички
Ocean	Океан
Raft	Сплав
River	Река
Rope	Јаже
Sailboat	Едрилица
Sailor	Морнар
Sea	Море
Tide	Плима
Waves	Бранови
Yacht	Јахта

Books
Книги

Adventure	Авантура
Author	Автор
Collection	Колекција
Context	Контекст
Duality	Двојност
Epic	Еп
Historical	Историски
Humorous	Хумористични
Inventive	Инвентивни
Literary	Книжевна
Narrator	Раскажувач
Novel	Роман
Page	Страница
Poem	Песна
Poetry	Поезија
Reader	Читач
Relevant	Релевантни
Story	Приказна
Tragic	Трагично
Written	Напишано

Boxing
Бокс

Bell	Бел
Body	Тело
Chin	Брадата
Corner	Ќоше
Elbow	Лактот
Exhausted	Исцрпени
Fighter	Борец
Fist	Тупаница
Focus	Фокус
Gloves	Ракавици
Injuries	Повреди
Kick	Удар
Opponent	Противник
Points	Поени
Quick	Брзо
Recovery	Обновување
Referee	Судија
Ropes	Јажиња
Skill	Вештина
Strength	Сила

Buildings
Згради

Apartment	Стан
Barn	Штала
Cabin	Кабина
Castle	Замок
Cinema	Кино
Embassy	Амбасада
Factory	Фабрика
Hospital	Болница
Hostel	Хостел
Hotel	Хотел
Laboratory	Лабораторија
Museum	Музеј
Observatory	Опсерваторија
School	Училиште
Stadium	Стадион
Supermarket	Супермаркет
Tent	Шатор
Theater	Театар
Tower	Кула
University	Универзитет

Business
Бизнис

Budget	Буџет
Career	Кариера
Company	Компанија
Cost	Цена
Currency	Валута
Discount	Попуст
Economics	Економија
Employee	Вработен
Employer	Работодавач
Factory	Фабрика
Finance	Финансии
Income	Приходи
Investment	Инвестиции
Manager	Менаџер
Merchandise	Стока
Money	Пари
Office	Канцеларија
Sale	Продажба
Shop	Продавница
Taxes	Даноци

Camping
Кампување

Adventure	Авантура
Animals	Животни
Cabin	Кабина
Canoe	Кану
Compass	Компас
Equipment	Опрема
Fire	Оган
Forest	Шума
Fun	Забава
Hat	Шапка
Hunting	Лов
Insect	Инсект
Lake	Езеро
Map	Мапа
Moon	Месечината
Mountain	Планина
Nature	Природата
Rope	Јаже
Tent	Шатор
Trees	Дрвја

Chemistry
Хемија

Acid	Киселина
Alkaline	Алкална
Atomic	Атомски
Carbon	Јаглерод
Catalyst	Катализатор
Chlorine	Хлор
Electron	Електрон
Enzyme	Ензим
Gas	Гас
Heat	Топлина
Hydrogen	Водород
Ion	Јон
Liquid	Течност
Molecule	Молекула
Nuclear	Нуклеарна
Organic	Органски
Oxygen	Кислород
Salt	Сол
Temperature	Температура
Weight	Тежина

Chocolate
Чоколадо

Antioxidant	Антиоксидант
Aroma	Арома
Artisanal	Занаетчиски
Bitter	Горчлив
Cacao	Какао
Calories	Калории
Caramel	Карамел
Coconut	Кокос
Craving	Желба
Delicious	Вкусни
Exotic	Егзотични
Favorite	Омилен
Ingredient	Состојка
Peanuts	Кикирики
Powder	Прав
Quality	Квалитет
Recipe	Рецепт
Sugar	Шеќер
Sweet	Слатко
Taste	Вкус

Circus
Циркус

Acrobat	Акробат
Animals	Животни
Balloons	Балони
Clown	Кловн
Costume	Костим
Elephant	Слон
Juggler	Жонглер
Lion	Лав
Magic	Магија
Magician	Волшебник
Monkey	Мајмун
Music	Музика
Parade	Парада
Show	Покажи
Spectacular	Спектакуларен
Spectator	Гледач
Tent	Шатор
Ticket	Билет
Tiger	Тигар
Trick	Трик

Climbing
Качување

Altitude	Висина
Atmosphere	Атмосфера
Boots	Чизми
Cave	Пештера
Challenges	Предизвици
Curiosity	Љубопитност
Expert	Експерт
Gloves	Ракавици
Guides	Водичи
Helmet	Шлем
Hiking	Пешачење
Injury	Повреда
Map	Мапа
Narrow	Тесен
Physical	Физички
Stability	Стабилност
Strength	Сила
Terrain	Терен
Training	Обука

Clothes
Облека

Apron	Престилка
Belt	Појас
Blouse	Блуза
Bracelet	Нараквица
Coat	Палто
Dress	Фустан
Fashion	Мода
Gloves	Ракавици
Hat	Шапка
Jacket	Јакна
Jeans	Фармерки
Jewelry	Накит
Pajamas	Пижами
Pants	Панталони
Sandals	Сандали
Scarf	Шал
Shirt	Кошула
Shoe	Чевли
Skirt	Здолниште
Sweater	Џемпер

Countries #1
Земји #1

Brazil	Бразил
Canada	Канада
Egypt	Египет
Finland	Финска
Germany	Германија
Iraq	Ирак
Israel	Израел
Italy	Италија
Latvia	Латвија
Libya	Либија
Morocco	Мароко
Nicaragua	Никарагва
Norway	Норвешка
Panama	Панама
Poland	Полска
Romania	Романија
Senegal	Сенегал
Spain	Шпанија
Venezuela	Венецуела
Vietnam	Виетнам

Countries #2
Земји #2

Albania	Албанија
Denmark	Данска
Ethiopia	Етиопија
Greece	Грција
Haiti	Хаити
Jamaica	Јамајка
Japan	Јапонија
Laos	Лаос
Lebanon	Либан
Liberia	Либерија
Mexico	Мексико
Nepal	Непал
Nigeria	Нигерија
Pakistan	Пакистан
Russia	Русија
Somalia	Сомалија
Sudan	Судан
Syria	Сирија
Uganda	Уганда
Ukraine	Украина

Creativity
Креативност

Artistic	Уметнички
Authenticity	Автентичност
Clarity	Јасност
Dramatic	Драматични
Emotions	Емоции
Expression	Изразување
Feelings	Чувства
Ideas	Идеи
Image	Слика
Imagination	Имагинација
Impression	Впечаток
Inspiration	Инспирација
Intensity	Интензитет
Intuition	Интуиција
Inventive	Инвентивни
Sensation	Сензација
Skill	Вештина
Spontaneous	Спонтано
Visions	Визии
Vitality	Виталност

Days and Months
Денови и Месеци

April	Април
August	Август
Calendar	Календар
February	Февруари
Friday	Петок
January	Јануари
July	Јули
June	Јуни
March	Март
Monday	Понеделник
Month	Месец
November	Ноември
October	Октомври
Saturday	Сабота
September	Септември
Sunday	Недела
Thursday	Четврток
Tuesday	Вторник
Wednesday	Среда
Year	Година

Diplomacy
Дипломатија

Adviser	Советник
Ambassador	Амбасадор
Citizens	Граѓани
Civic	Граѓански
Community	Заедница
Conflict	Конфликт
Cooperation	Соработка
Diplomatic	Дипломатски
Discussion	Дискусија
Embassy	Амбасада
Ethics	Етика
Government	Владата
Humanitarian	Хуманитарна
Integrity	Интегритет
Justice	Правда
Politics	Политика
Resolution	Резолуција
Security	Безбедност
Solution	Решение
Treaty	Договор

Driving
Возење

Accident	Несреќа
Brakes	Кочници
Car	Автомобил
Danger	Опасност
Driver	Возач
Fuel	Гориво
Garage	Гаража
Gas	Гас
License	Лиценца
Map	Мапа
Motor	Мотор
Motorcycle	Мотоцикл
Pedestrian	Пешак
Police	Полицијата
Road	Пат
Safety	Безбедност
Speed	Брзина
Traffic	Сообраќај
Truck	Камион
Tunnel	Тунел

Ecology
Екологија

Climate	Клима
Communities	Заедници
Diversity	Разновидност
Drought	Суша
Fauna	Фауна
Flora	Флора
Global	Глобален
Habitat	Живеалиште
Marine	Морски
Marsh	Марш
Mountains	Планини
Natural	Природни
Nature	Природата
Plants	Растенија
Resources	Ресурси
Species	Видови
Survival	Опстанок
Sustainable	Одржлив
Vegetation	Вегетација
Volunteers	Волонтери

Energy
Енергија

Battery	Батерија
Carbon	Јаглерод
Diesel	Дизел
Electric	Електрични
Electron	Електрон
Entropy	Ентропија
Fuel	Гориво
Gasoline	Бензин
Heat	Топлина
Hydrogen	Водород
Industry	Индустрија
Motor	Мотор
Nuclear	Нуклеарна
Photon	Фотон
Pollution	Загадување
Renewable	Обновлив
Steam	Пареа
Sun	Сонце
Turbine	Турбина
Wind	Ветер

Engineering
Инжeнеринг

Angle	Агол
Axis	Оска
Calculation	Пресметка
Construction	Изградба
Depth	Длабочина
Diagram	Дијаграм
Diameter	Дијаметар
Diesel	Дизел
Distribution	Дистрибуција
Energy	Енергија
Gears	Брзини
Levers	Држела
Liquid	Течност
Machine	Машина
Measurement	Мерење
Motor	Мотор
Propulsion	Погон
Stability	Стабилност
Strength	Сила
Structure	Структура

Family
Семејство

Ancestor	Предок
Aunt	Тетка
Brother	Брат
Child	Дете
Childhood	Детство
Children	Деца
Cousin	Братучед
Daughter	Ќерка
Father	Татко
Grandfather	Дедо
Grandmother	Баба
Husband	Сопруг
Mother	Мајка
Nephew	Внук
Niece	Внука
Paternal	Татковски
Sister	Сестра
Twins	Близнаци
Uncle	Вујко
Wife	Жена

Farm #1
Фарма #1

Agriculture	Земјоделство
Bee	Пчела
Bison	Бизон
Calf	Теле
Cat	Мачка
Chicken	Пилешко
Cow	Крава
Crow	Врана
Dog	Куче
Donkey	Магаре
Fence	Ограда
Fertilizer	Ѓубриво
Field	Поле
Goat	Коза
Hay	Сено
Honey	Мед
Horse	Коњ
Rice	Ориз
Seeds	Семиња
Water	Вода

Farm #2
Фарма #2

Animals	Животни
Barley	Јачмен
Barn	Штала
Corn	Пченка
Duck	Патка
Farmer	Фармер
Food	Храна
Fruit	Овошје
Irrigation	Наводнување
Lamb	Јагнешко
Llama	Лама
Meadow	Ливада
Milk	Млеко
Orchard	Овоштарник
Sheep	Овци
Shepherd	Овчар
Tractor	Трактор
Vegetable	Зеленчук
Wheat	Пченица
Windmill	Ветерница

Fashion
Мода

Affordable	Прифатлива
Boutique	Бутик
Buttons	Копчиња
Clothing	Облека
Comfortable	Удобно
Elegant	Елегантен
Embroidery	Вез
Expensive	Скапо
Fabric	Ткаенина
Lace	Чипка
Measurements	Мерења
Modern	Модерна
Modest	Скромно
Original	Оригиналниот
Pattern	Шема
Practical	Практично
Simple	Едноставно
Style	Стил
Texture	Текстура
Trend	Тренд

Food #1
Храна #1

Apricot	Кајсија
Barley	Јачмен
Basil	Босилек
Carrot	Морков
Cinnamon	Цимет
Garlic	Лук
Juice	Сок
Lemon	Лимон
Milk	Млеко
Onion	Кромид
Peanut	Кикирики
Pear	Круша
Salad	Салата
Salt	Сол
Soup	Супа
Spinach	Спанаќ
Strawberry	Јагода
Sugar	Шеќер
Tuna	Туна
Turnip	Репка

Food #2
Храна #2

Apple	Јаболко
Artichoke	Артишок
Banana	Банана
Broccoli	Брокула
Celery	Целер
Cheese	Сирење
Cherry	Цреша
Chicken	Пилешко
Chocolate	Чоколадо
Egg	Јајце
Eggplant	Патлиџан
Fish	Риба
Grape	Грозје
Ham	Шунка
Kiwi	Киви
Mushroom	Печурки
Rice	Ориз
Tomato	Домат
Wheat	Пченица
Yogurt	Јогурт

Force and Gravity
Сила и Гравитација

Axis	Оска
Center	Центар
Discovery	Откритие
Distance	Далечина
Dynamic	Динамичен
Expansion	Проширување
Friction	Триење
Impact	Влијание
Magnetism	Магнетизам
Mechanics	Механика
Motion	Движење
Orbit	Орбита
Physics	Физика
Planets	Планети
Pressure	Притисок
Properties	Својства
Speed	Брзина
Time	Време
Universal	Универзална
Weight	Тежина

Fruit
Овошје

Apple	Јаболко
Apricot	Кајсија
Avocado	Авокадо
Banana	Банана
Berry	Бери
Cherry	Цреша
Coconut	Кокос
Fig	Смоква
Grape	Грозје
Guava	Гуава
Kiwi	Киви
Lemon	Лимон
Mango	Манго
Melon	Диња
Nectarine	Нектарина
Papaya	Папаја
Peach	Праска
Pear	Круша
Pineapple	Ананас
Raspberry	Малина

Garden
Градина

Bench	Клупа
Bush	Буш
Fence	Ограда
Flower	Цвет
Garage	Гаража
Garden	Градина
Grass	Трева
Hose	Црево
Lawn	Тревник
Orchard	Овоштарник
Pond	Езерцето
Porch	Тремот
Rake	Гребло
Rocks	Карпи
Shovel	Лопата
Soil	Почва
Terrace	Тераса
Trampoline	Бранувaa
Tree	Дрво
Weeds	Пилеви

Gardening
Градинарство

Blossom	Цвет
Botanical	Ботанички
Bouquet	Букет
Climate	Клима
Compost	Компост
Container	Контејнер
Dirt	Нечистотија
Edible	Јадење
Exotic	Егзотични
Floral	Цветни
Foliage	Зеленило
Hose	Црево
Leaf	Лист
Moisture	Влага
Orchard	Овоштарник
Seasonal	Сезонски
Seeds	Семиња
Soil	Почва
Species	Видови
Water	Вода

Geography
Географија

Altitude	Висина
Atlas	Атлас
City	Град
Continent	Континент
Country	Земја
Equator	Екватор
Hemisphere	Хемисфера
Island	Островот
Map	Мапа
Meridian	Меридијан
Mountain	Планина
North	Север
Ocean	Океан
Region	Регион
River	Река
Sea	Море
South	Југ
Territory	Територија
West	Запад
World	Свет

Geology
Геологија

Acid	Киселина
Calcium	Калциум
Cavern	Пештера
Continent	Континент
Coral	Корал
Crystals	Кристали
Cycles	Циклуси
Earthquake	Земјотрес
Erosion	Ерозија
Fossil	Фосил
Geyser	Гејзер
Lava	Лава
Layer	Слој
Minerals	Минерали
Plateau	Плато
Quartz	Кварц
Salt	Сол
Stalactite	Сталактит
Stone	Камен
Volcano	Вулкан

Geometry
Геометрија

Angle	Агол
Calculation	Пресметка
Circle	Круг
Curve	Крива
Diameter	Дијаметар
Dimension	Димензија
Equation	Равенка
Height	Висина
Horizontal	Хоризонтална
Logic	Логика
Mass	Маса
Median	Среден
Number	Број
Parallel	Паралелно
Proportion	Пропорција
Segment	Сегмент
Surface	Површина
Symmetry	Симетрија
Theory	Теорија
Triangle	Триаголник

Government
Владата

Citizenship	Државјанство
Civil	Цивил
Constitution	Устав
Democracy	Демократија
Discussion	Дискусија
District	Област
Equality	Еднаквост
Independence	Независност
Judicial	Судски
Justice	Правда
Law	Закон
Leader	Лидер
Liberty	Слобода
Monument	Споменик
Nation	Народ
Peaceful	Мирен
Politics	Политика
Speech	Говор
State	Држава
Symbol	Симбол

Hair Types
Видови Коса

Bald	Ќелав
Black	Црно
Blond	Руса
Braided	Плетенка
Braids	Плетенки
Brown	Кафеава
Colored	Обоени
Curly	Кадрава
Dry	Сува
Gray	Сива
Healthy	Здраво
Long	Долго
Shiny	Сјајна
Short	Кратко
Silver	Сребро
Smooth	Мазни
Soft	Мека
Thick	Дебели
Thin	Тенок
White	Бела

Health and Wellness #1
Здравје и Благосостојба

Active	Активни
Bacteria	Бактерии
Bones	Коски
Clinic	Клиника
Doctor	Доктор
Fracture	Фрактура
Habit	Навика
Height	Висина
Hormones	Хормони
Hunger	Глад
Medicine	Медицина
Muscles	Мускули
Nerves	Нерви
Pharmacy	Аптека
Reflex	Рефлекс
Relaxation	Релаксација
Skin	Кожа
Therapy	Терапија
Treatment	Третман
Virus	Вирус

Health and Wellness #2
Здравје и Благосостојба

Allergy	Алергија
Anatomy	Анатомија
Appetite	Апетит
Blood	Крв
Calorie	Калории
Dehydration	Дехидрација
Diet	Диета
Disease	Болест
Energy	Енергија
Genetics	Генетика
Healthy	Здраво
Hospital	Болница
Hygiene	Хигиена
Infection	Инфекција
Massage	Масажа
Nutrition	Исхрана
Recovery	Обновување
Stress	Стрес
Vitamin	Витамин
Weight	Тежина

Herbalism
Билбализам

Aromatic	Ароматични
Basil	Босилек
Beneficial	Корисни
Culinary	Кулинарски
Fennel	Анасон
Flavor	Вкус
Flower	Цвет
Garden	Градина
Garlic	Лук
Green	Зелена
Ingredient	Состојка
Lavender	Лаванда
Marjoram	Риган
Mint	Нане
Oregano	Оригано
Parsley	Магдонос
Plant	Фабрика
Rosemary	Рузмарин
Saffron	Шафран
Tarragon	Тарагон

Hiking
Пешачење

Animals	Животни
Boots	Чизми
Camping	Кампување
Cliff	Карпа
Climate	Клима
Guides	Водичи
Hazards	Опасности
Heavy	Тешки
Map	Мапа
Mountain	Планина
Nature	Природата
Orientation	Ориентација
Parks	Паркови
Preparation	Подготовка
Stones	Камења
Summit	Самит
Sun	Сонце
Tired	Уморни
Water	Вода
Wild	Диви

House
Куќа

Attic	Поткровје
Broom	Метла
Curtains	Завеси
Door	Врата
Fence	Ограда
Fireplace	Камин
Floor	Кат
Furniture	Мебел
Garage	Гаража
Garden	Градина
Keys	Клучеви
Kitchen	Кујна
Lamp	Светилка
Library	Библиотека
Mirror	Огледало
Roof	Покрив
Room	Соба
Shower	Туш
Wall	Ѕид
Window	Прозор

Human Body
Човечкото Тело

Ankle	Зглоб
Blood	Крв
Bones	Коски
Brain	Мозок
Chin	Брадата
Ear	Уво
Elbow	Лактот
Face	Лице
Finger	Прст
Hand	Рака
Head	Глава
Heart	Срце
Jaw	Вилица
Knee	Колено
Leg	Нога
Mouth	Устата
Neck	Врат
Nose	Носот
Shoulder	Рамо
Skin	Кожа

Jazz
Џез

Album	Албум
Applause	Аплауз
Artist	Уметник
Composer	Композитор
Composition	Состав
Concert	Концерт
Drums	Тапани
Emphasis	Акцент
Famous	Познат
Favorites	Омилени
Improvisation	Импровизација
Music	Музика
New	Ново
Old	Стари
Orchestra	Оркестар
Rhythm	Ритам
Song	Песна
Style	Стил
Talent	Талент
Technique	Техника

Landscapes
Пејзажи

Beach	Плажа
Cave	Пештера
Desert	Пустина
Geyser	Гејзер
Glacier	Глечер
Hill	Рид
Iceberg	Асеберг
Island	Островот
Lake	Езеро
Mountain	Планина
Oasis	Оаза
Ocean	Океан
Peninsula	Полуостров
River	Река
Sea	Море
Swamp	Мочуриште
Tundra	Тундра
Valley	Долина
Volcano	Вулкан
Waterfall	Водопад

Literature
Литература

Analogy	Аналогија
Analysis	Анализа
Anecdote	Анегдота
Author	Автор
Biography	Биографија
Comparison	Споредба
Conclusion	Заклучок
Description	Опис
Dialogue	Дијалог
Fiction	Фикција
Metaphor	Метафора
Narrator	Раскажувач
Novel	Роман
Poem	Песна
Poetic	Поетски
Rhyme	Рима
Rhythm	Ритам
Style	Стил
Theme	Тема
Tragedy	Трагедија

Mammals
Цицачи

Bear	Мечка
Beaver	Дабар
Bull	Бик
Cat	Мачка
Coyote	Којот
Dog	Куче
Dolphin	Делфин
Elephant	Слон
Fox	Фокс
Giraffe	Жирафа
Gorilla	Горила
Horse	Коњ
Kangaroo	Кенгур
Lion	Лав
Monkey	Мајмун
Rabbit	Зајакот
Sheep	Овци
Whale	Кит
Wolf	Волк
Zebra	Зебра

Math
Математика

Angles	Агли
Arithmetic	Аритметички
Circumference	Обемот
Decimal	Децимални
Diameter	Дијаметар
Equation	Равенка
Exponent	Експонент
Fraction	Фракција
Geometry	Геометрија
Numbers	Броеви
Parallel	Паралелно
Parallelogram	Паралелограм
Perimeter	Периметар
Polygon	Полигон
Radius	Радиус
Rectangle	Правоаголник
Square	Плоштад
Symmetry	Симетрија
Triangle	Триаголник
Volume	Волумен

Measurements
Мерења

Byte	Бајт
Centimeter	Сантиметар
Decimal	Децимални
Degree	Степен
Depth	Длабочина
Gram	Грам
Height	Висина
Inch	Инч
Kilogram	Килограм
Kilometer	Километар
Length	Должина
Liter	Литар
Mass	Маса
Meter	Метар
Minute	Минута
Ounce	Унца
Ton	Тон
Volume	Волумен
Weight	Тежина
Width	Ширина

Meditation
Медитација

Acceptance	Прифаќање
Attention	Внимание
Awake	Буден
Breathing	Дишење
Clarity	Јасност
Compassion	Сочувство
Emotions	Емоции
Gratitude	Благодарност
Habits	Навики
Happiness	Среќа
Insight	Увид
Mental	Ментален
Mind	Ум
Movement	Движење
Music	Музика
Nature	Природата
Peace	Мир
Perspective	Перспектива
Silence	Тишина
Thoughts	Мисли

Music
Музика

Album	Албум
Ballad	Балада
Chorus	Хор
Classical	Класично
Eclectic	Еклектичен
Harmony	Хармонија
Instrument	Инструмент
Lyrical	Лирски
Melody	Мелодија
Microphone	Микрофон
Musical	Музички
Musician	Музичар
Opera	Опера
Poetic	Поетски
Recording	Снимање
Rhythm	Ритам
Rhythmic	Ритмички
Sing	Пее
Singer	Пејач
Vocal	Вокал

Musical Instruments
Музички Инструменти

Banjo	Бањо
Bassoon	Фагот
Cello	Виолончело
Clarinet	Кларинет
Drum	Тапан
Flute	Флејта
Gong	Гонг
Guitar	Гитара
Harmonica	Хармоника
Harp	Харфа
Mandolin	Мандолина
Marimba	Маримба
Oboe	Обои
Percussion	Ударни
Piano	Пијано
Saxophone	Саксофон
Tambourine	Дамбур
Trombone	Тромбон
Trumpet	Труба
Violin	Виолина

Mythology
Митологија

Archetype	Архетип
Behavior	Однесување
Beliefs	Верувања
Creation	Создавање
Creature	Суштество
Culture	Култура
Deities	Божества
Disaster	Катастрофа
Heaven	Небото
Hero	Херој
Immortality	Бесмртност
Jealousy	Љубомора
Labyrinth	Лавиринт
Legend	Легенда
Lightning	Молња
Monster	Чудовиште
Mortal	Смртен
Revenge	Одмазда
Thunder	Гром
Warrior	Воин

Nature
Природата

Animals	Животни
Arctic	Арктик
Beauty	Убавина
Bees	Пчели
Cliffs	Карпи
Clouds	Облаци
Desert	Пустина
Dynamic	Динамичен
Erosion	Ерозија
Fog	Магла
Foliage	Зеленило
Forest	Шума
Glacier	Глечер
Mountains	Планини
Peaceful	Мирен
River	Река
Sanctuary	Светилиште
Serene	Спокоен
Tropical	Тропски
Wild	Диви

Numbers
Броеви

Decimal	Децимални
Eight	Осум
Eighteen	Осумнаесет
Fifteen	Петнаесет
Five	Пет
Four	Четири
Fourteen	Четиринаесет
Nine	Девет
Nineteen	Деветнаесет
One	Еден
Seven	Седум
Seventeen	Седумнаесет
Six	Шест
Sixteen	Шеснаесет
Ten	Десет
Thirteen	Тринаесет
Three	Три
Twelve	Дванаесет
Twenty	Дваесет
Two	Две

Nutrition
Исхрана

Appetite	Апетит
Balanced	Избалансиран
Bitter	Горчлив
Calories	Калории
Carbohydrates	Јаглехидрати
Diet	Диета
Digestion	Варење
Edible	Јадење
Fermentation	Ферментација
Flavor	Вкус
Habits	Навики
Health	Здравје
Healthy	Здраво
Liquids	Течности
Proteins	Протеини
Quality	Квалитет
Sauce	Сос
Toxin	Токсин
Vitamin	Витамин
Weight	Тежина

Ocean
Океан

Algae	Алги
Coral	Корал
Crab	Рак
Dolphin	Делфин
Eel	Јагула
Fish	Риба
Jellyfish	Медуза
Octopus	Октопод
Oyster	Остриги
Reef	Гребен
Salt	Сол
Shark	Ајкула
Shrimp	Ракчиња
Sponge	Сунѓер
Storm	Бура
Tides	Плимата
Tuna	Туна
Turtle	Желка
Waves	Бранови
Whale	Кит

Pets
Домашни Миленици

Cat	Мачка
Claws	Канџи
Collar	Јака
Cow	Крава
Dog	Куче
Fish	Риба
Food	Храна
Goat	Коза
Hamster	Хрчак
Kitten	Маче
Lizard	Гуштер
Mouse	Глувче
Parrot	Папагал
Paws	Шепи
Puppy	Кученце
Rabbit	Зајакот
Tail	Опашка
Turtle	Желка
Veterinarian	Ветеринар
Water	Вода

Philanthropy
Филантропија

Challenges	Предизвици
Children	Деца
Community	Заедница
Contacts	Контакти
Finance	Финансии
Funds	Фондови
Generosity	Великодушност
Global	Глобален
Goals	Цели
Groups	Групи
History	Историја
Honesty	Искреност
Humanity	Човештвото
Mission	Мисија
Need	Треба
People	Луѓе
Programs	Програми
Public	Јавна
Youth	Младина

Photography
Фотографија

Black	Црно
Camera	Камера
Color	Боја
Composition	Состав
Contrast	Контраст
Darkness	Темнина
Definition	Дефиниција
Exhibition	Изложба
Format	Формат
Frame	Рамка
Lighting	Осветлување
Object	Објект
Perspective	Перспектива
Portrait	Портрет
Shadows	Сенки
Subject	Предмет
Texture	Текстура
View	Поглед
Visual	Визуелно

Physics
Физика

Acceleration	Забрзување
Atom	Атом
Chaos	Хаос
Chemical	Хемиски
Density	Густина
Electron	Електрон
Engine	Мотор
Expansion	Проширување
Formula	Формула
Frequency	Фреквенција
Gas	Гас
Magnetism	Магнетизам
Mass	Маса
Mechanics	Механика
Molecule	Молекула
Nuclear	Нуклеарна
Particle	Честички
Relativity	Релативност
Universal	Универзална
Velocity	Брзина

Plants
Растенија

Bamboo	Бамбус
Bean	Грав
Berry	Бери
Botany	Ботаника
Bush	Буш
Cactus	Кактус
Fertilizer	Ѓубриво
Flora	Флора
Flower	Цвет
Foliage	Зеленило
Forest	Шума
Garden	Градина
Grass	Трева
Ivy	Ајви
Moss	Мов
Petal	Петар
Root	Корен
Stem	Матични
Tree	Дрво
Vegetation	Вегетација

Professions #1
Професии #1

Ambassador	Амбасадор
Astronomer	Астроном
Attorney	Адвокат
Banker	Банкар
Cartographer	Картограф
Coach	Тренер
Dancer	Танчерка
Doctor	Доктор
Editor	Уредник
Firefighter	Пожарникар
Geologist	Геолог
Hunter	Ловец
Jeweler	Златар
Musician	Музичар
Pianist	Пијанист
Plumber	Водоводџија
Psychologist	Психолог
Sailor	Морнар
Tailor	Кројач
Veterinarian	Ветеринар

Professions #2
Професии #2

Astronaut	Астронаут
Biologist	Биолог
Dentist	Стоматолог
Detective	Детектив
Engineer	Инженер
Farmer	Фармер
Gardener	Градинар
Illustrator	Илустратор
Inventor	Пронаоѓач
Journalist	Новинар
Librarian	Библиотекар
Linguist	Лингвист
Painter	Сликар
Philosopher	Филозоф
Photographer	Фотограф
Physician	Лекар
Pilot	Пилот
Surgeon	Хирург
Teacher	Наставник
Zoologist	Зоолог

Psychology
Психологија

Appointment	Закажување
Assessment	Проценка
Behavior	Однесување
Childhood	Детство
Clinical	Клинички
Conflict	Конфликт
Dreams	Соништа
Ego	Его
Emotions	Емоции
Experiences	Искуства
Ideas	Идеи
Perception	Перцепција
Personality	Личност
Problem	Проблем
Reality	Реалност
Sensation	Сензација
Subconscious	Потсвесно
Therapy	Терапија
Thoughts	Мисли
Unconscious	Несвесен

Restaurant #1
Ресторан #1

Allergy	Алергија
Bowl	Сад
Bread	Леб
Cashier	Касиер
Chicken	Пилешко
Coffee	Кафе
Dessert	Десерт
Food	Храна
Ingredients	Состојки
Kitchen	Кујна
Knife	Нож
Meat	Месо
Menu	Мени
Napkin	Салфетка
Plate	Плоча
Reservation	Резервација
Sauce	Сос
Spicy	Зачинета
Waitress	Келнерка

Restaurant #2
Ресторан #2

Beverage	Пијалок
Cake	Торта
Chair	Стол
Delicious	Вкусни
Dinner	Вечера
Eggs	Јајца
Fish	Риба
Fork	Вилушка
Fruit	Овошје
Ice	Мраз
Lunch	Ручек
Noodles	Тестенини
Salad	Салата
Salt	Сол
Soup	Супа
Spices	Зачини
Spoon	Лажица
Vegetables	Зеленчук
Waiter	Келнер
Water	Вода

Science
Наука

Atom	Атом
Chemical	Хемиски
Climate	Клима
Data	Податоци
Evolution	Еволуција
Experiment	Експеримент
Fact	Факт
Fossil	Фосил
Gravity	Гравитација
Hypothesis	Хипотеза
Laboratory	Лабораторија
Method	Метод
Minerals	Минерали
Molecules	Молекули
Nature	Природата
Organism	Организам
Particles	Честички
Physics	Физика
Plants	Растенија
Scientist	Научник

Science Fiction
Научна Фантастика

Atomic	Атомски
Books	Книги
Chemicals	Хемикалии
Cinema	Кино
Dystopia	Дистопија
Explosion	Експлозија
Extreme	Екстремен
Fantastic	Фантастично
Fire	Оган
Futuristic	Футуристички
Galaxy	Галаксија
Illusion	Илузија
Imaginary	Имагинарен
Mysterious	Мистериозен
Oracle	Оракул
Planet	Планета
Robots	Роботи
Technology	Технологија
Utopia	Утопија
World	Свет

Scientific Disciplines
Научни Дисциплини

Anatomy	Анатомија
Archaeology	Археологија
Astronomy	Астрономија
Biochemistry	Биохемија
Biology	Биологија
Botany	Ботаника
Chemistry	Хемија
Ecology	Екологија
Geology	Геологија
Immunology	Имунологија
Kinesiology	Кинезиологија
Linguistics	Лингвистика
Mechanics	Механика
Mineralogy	Минералогија
Neurology	Неврологија
Physiology	Физиологија
Psychology	Психологија
Sociology	Социологија
Thermodynamics	Термодинамика
Zoology	Зоологија

Shapes
Форми

Arc	Лак
Circle	Круг
Cone	Конус
Corner	Ќоше
Cube	Коцка
Curve	Крива
Cylinder	Цилиндар
Edges	Рабови
Ellipse	Елипса
Hyperbola	Хипербола
Line	Линија
Oval	Овал
Polygon	Полигон
Prism	Призма
Pyramid	Пирамида
Rectangle	Правоаголник
Side	Страна
Sphere	Сфера
Square	Плоштад
Triangle	Триаголник

Spices
Зачини

Bitter	Горчлив
Cardamom	Кардамом
Cinnamon	Цимет
Clove	Каранфилче
Coriander	Кориандар
Cumin	Ким
Curry	Кари
Fennel	Анасон
Flavor	Вкус
Garlic	Лук
Ginger	Ѓумбир
Nutmeg	Оревче
Onion	Кромид
Paprika	Пиперка
Saffron	Шафран
Salt	Сол
Sour	Кисело
Sweet	Слатко
Turmeric	Куркума
Vanilla	Ванила

Sport
Спорт

Ability	Способност
Athlete	Спортист
Body	Тело
Bones	Коски
Coach	Тренер
Cycling	Велосипедизам
Dancing	Танцување
Diet	Диета
Endurance	Издржливост
Goal	Цел
Health	Здравје
Jogging	Џогирање
Maximize	Зголеми
Metabolic	Метаболички
Muscles	Мускули
Nutrition	Исхрана
Program	Програма
Sports	Спорт
Strength	Сила

Technology
Технологија

Blog	Блог
Browser	Прелистувач
Bytes	Бајти
Camera	Камера
Computer	Компјутер
Cursor	Проклетство
Data	Податоци
Digital	Дигитален
File	Датотека
Font	Фонт
Internet	Интернет
Message	Порака
Research	Истражување
Screen	Екран
Security	Безбедност
Software	Софтвер
Statistics	Статистика
Virtual	Виртуално
Virus	Вирус

The Company
Компанијата

Business	Бизнис
Creative	Креативни
Decision	Одлука
Employment	Вработување
Global	Глобален
Industry	Индустрија
Innovative	Иновативни
Investment	Инвестиции
Possibility	Можност
Presentation	Презентација
Product	Производ
Professional	Професионални
Progress	Напредок
Quality	Квалитет
Reputation	Репутација
Resources	Ресурси
Revenue	Приходи
Risks	Ризици
Trends	Трендови
Units	Единици

The Media
Медиумите

Advertisements	Реклами
Attitudes	Ставови
Commercial	Комерцијални
Communication	Комуникација
Digital	Дигитален
Edition	Издание
Education	Образование
Facts	Факти
Funding	Финансирање
Images	Слики
Individual	Индивидуален
Industry	Индустрија
Intellectual	Интелектуална
Local	Локални
Network	Мрежа
Newspapers	Весници
Online	Онлајн
Opinion	Мислење
Public	Јавна
Radio	Радио

Time
Време

Annual	Годишен
Before	Пред
Calendar	Календар
Century	Век
Clock	Часовник
Day	Ден
Decade	Деценија
Early	Рано
Future	Иднина
Hour	Час
Minute	Минута
Month	Месец
Morning	Утро
Night	Ноќ
Noon	Пладне
Now	Сега
Soon	Наскоро
Today	Денес
Week	Недела
Year	Година

To Fill
Да се Пополни

Bag	Торба
Barrel	Барел
Basket	Кошница
Bottle	Шише
Box	Кутија
Bucket	Кофа
Carton	Картон
Crate	Гајба
Drawer	Фиока
Envelope	Плик
Folder	Папка
Jar	Тегла
Packet	Пакет
Pocket	Џеб
Suitcase	Куфер
Tub	Када
Tube	Цевка
Vase	Вазна
Vessel	Брод

Town
Градот

Airport	Аеродром
Bakery	Пекарница
Bank	Банка
Bookstore	Книжарница
Cafe	Кафе
Cinema	Кино
Clinic	Клиника
Florist	Цвеќарницата
Gallery	Галерија
Hotel	Хотел
Library	Библиотека
Market	Пазар
Museum	Музеј
Pharmacy	Аптека
School	Училиште
Stadium	Стадион
Store	Продавница
Supermarket	Супермаркет
Theater	Театар
University	Универзитет

Universe
Универзумот

Asteroid	Астероид
Astronomer	Астроном
Astronomy	Астрономија
Atmosphere	Атмосфера
Celestial	Небески
Cosmic	Космички
Darkness	Темнина
Eon	Еон
Equator	Екватор
Galaxy	Галаксија
Hemisphere	Хемисфера
Horizon	Хоризонт
Moon	Месечината
Orbit	Орбита
Sky	Небото
Solar	Сончеви
Solstice	Солстица
Telescope	Телескоп
Visible	Видлив
Zodiac	Зодијак

Vacation #2
Одмор #2

Airport	Аеродром
Beach	Плажа
Camping	Кампување
Destination	Дестинација
Foreign	Странски
Foreigner	Странец
Holiday	Празник
Hotel	Хотел
Island	Островот
Journey	Патување
Leisure	Одмор
Map	Мапа
Mountains	Планини
Passport	Пасош
Sea	Море
Taxi	Такси
Tent	Шатор
Train	Воз
Transportation	Транспорт
Visa	Виза

Vegetables
Зеленчук

Artichoke	Артишок
Broccoli	Брокула
Carrot	Морков
Cauliflower	Карфиол
Celery	Целер
Cucumber	Краставица
Eggplant	Патлиџан
Garlic	Лук
Ginger	Ѓумбир
Mushroom	Печурки
Onion	Кромид
Parsley	Магдонос
Pea	Грашок
Pumpkin	Тиква
Radish	Радиш
Salad	Салата
Shallot	Шалот
Spinach	Спанаќ
Tomato	Домат
Turnip	Репка

Vehicles
Возила

Airplane	Авион
Bicycle	Велосипед
Boat	Брод
Bus	Автобус
Car	Автомобил
Caravan	Караван
Ferry	Ферибот
Helicopter	Хеликоптер
Motor	Мотор
Raft	Сплав
Rocket	Ракета
Scooter	Скутер
Shuttle	Шатл
Submarine	Подморница
Taxi	Такси
Tires	Гуми
Tractor	Трактор
Train	Воз
Truck	Камион
Van	Ван

Visual Arts
Визуелни Уметности

Architecture	Архитектура
Artist	Уметник
Ceramics	Керамика
Chalk	Креда
Charcoal	Јаглен
Clay	Глина
Composition	Состав
Creativity	Креативност
Easel	Триножник
Film	Филм
Masterpiece	Ремек-Дело
Painting	Сликарство
Pen	Пенкало
Pencil	Молив
Perspective	Перспектива
Photograph	Фотографија
Portrait	Портрет
Sculpture	Скулптура
Varnish	Лак
Wax	Восок

Weather
Времето

Atmosphere	Атмосфера
Breeze	Ветре
Climate	Клима
Cloud	Облак
Drought	Суша
Dry	Сува
Fog	Магла
Hurricane	Ураганот
Ice	Мраз
Lightning	Молња
Monsoon	Монсун
Polar	Поларните
Rainbow	Виножито
Sky	Небото
Storm	Бура
Temperature	Температура
Thunder	Гром
Tornado	Торнадо
Tropical	Тропски
Wind	Ветер

Congratulations

You made it!

We hope you enjoyed this book as much as we enjoyed making it. We do our best to make high quality games.
These puzzles are designed in a clever way for you to learn actively while having fun!

Did you love them?

A Simple Request

Our books exist thanks your reviews. Could you help us by leaving one now?

Here is a short link which will take you to your order review page:

BestBooksActivity.com/Review50

MONSTER CHALLENGE!

Challenge #1

Ready for Your Bonus Game? We use them all the time but they are not so easy to find. Here are **Synonyms**!

Note 5 words you discovered in each of the Puzzles noted below (#21, #36, #76) and try to find 2 synonyms for each word.

Note 5 Words from ***Puzzle 21***

Words	Synonym 1	Synonym 2

Note 5 Words from ***Puzzle 36***

Words	Synonym 1	Synonym 2

Note 5 Words from ***Puzzle 76***

Words	Synonym 1	Synonym 2

Challenge #2

Now that you are warmed-up, note 5 words you discovered in each Puzzle noted below (#9, #17, #25) and try to find 2 antonyms for each word. How many lines can you do in 20 minutes?

*Note 5 Words from **Puzzle 9***

Words	Antonym 1	Antonym 2

*Note 5 Words from **Puzzle 17***

Words	Antonym 1	Antonym 2

*Note 5 Words from **Puzzle 25***

Words	Antonym 1	Antonym 2

Challenge #3

Wonderful, this monster  challenge is nothing to you!

Ready for the last one? Choose your 10 favorite words discovered in any of the Puzzles and note them below.

1.	6.
2.	7.
3.	8.
4.	9.
5.	10.

Now, using these words and within a maximum of six sentences, your challenge is to compose a text about a person, animal or place that you love!

Tip: You can use the last blank page of this book as a draft!

Your Writing:

NOTEBOOK:

SEE YOU SOON!

Linguas Classics Team